U0495074

给孩子的演讲

陈力川　选编

中信出版集团 | 北京

图书在版编目（CIP）数据

给孩子的演讲 / 陈力川选编. -- 北京：中信出版社，2021.3 (2025.6重印)
ISBN 978-7-5217-2741-8

I. ①给… II. ①陈… Ⅲ. ①演讲－语言艺术－青少年读物 Ⅳ. ①H019-49

中国版本图书馆CIP数据核字（2021）第023379号

给孩子的演讲

选　　编：陈力川
出版发行：中信出版集团股份有限公司
（北京市朝阳区东三环北路27号嘉铭中心　　邮编　　100020）
承 印 者：北京启航东方印刷有限公司

开　　本：889mm×1194mm　1/32　　印　　张：10.75　　字　　数：260千字
版　　次：2021年3月第1版　　印　　次：2025年6月第2次印刷
书　　号：ISBN 978-7-5217-2741-8
定　　价：59.00元

图书策划：活字文化

给孩子的演讲

目 录

教育篇

社会篇

中国篇

劝导篇

序

演讲是一门艺术，还是一门语言的科学，或二者兼而有之？那动人心魄的文字，那理正而文丽的修辞来自何处？演讲的才能是天分，还是可以学习的技巧？读完《给孩子的演讲》，你会有自己的答案。

演讲是人类自发明语言以来表达思想和情感的重要手段，它是一门语言的艺术，又最能体现演讲者的人文素质。

演讲是讲给人听的，但毕竟只有少数人能亲临现场感受那种心灵的震撼。将演讲词汇编出版，以文字的形式流传，可以使更多的人分享演讲者的智慧和才华，传承他们的精神。

古今中外各类演讲不可胜数，我们选编的《给孩子的演讲》是在现有条件下和可能范围内的一个选本，目的是帮助孩子开阔眼界、学会思考、练习演讲。还有一个期待，就是让孩子自己去体验美和尊严，每一个有过美感体验的人都懂得尊严的可贵。

世界上大部分优秀的演讲都不是针对孩子的，这本演讲集的读者可以是青少年，也可以是成年人心中的那个“孩子”。入选的三十二篇演讲词分别编入科学篇、思想篇、教育篇、社会篇、中国篇、劝导篇六个部分。各部分之间、各篇目之间没有必然的联系，不同年龄段的读者可以根据自己的情况选读。有一些篇目对孩子们来说暂时有难度，我们希望他们长大后能渐渐理解这些内容。

我们的译文选择综合了三种思路：一是在已有的中文出版物中遴选，保留原译者的译文，或按照演讲词的风格请译者重新润色；二是优选未出版的演讲篇目，为了匡正谬误，提高译文的品质，重新组织翻译；三是在外文出版物中遴选符合我们编辑意图的演讲词，请有经验的译者翻译。选本选编的基本原则是：爱真理，爱和平，崇尚科学和理性，追求自由和平等。在兼顾不同学科、不同题材的前提下，我们突出了人文的内容。历史上许多重要的演讲与战争有关，我们只选了丘吉尔《永不屈服》一篇。

对一些篇目过长，或背景复杂的演讲，我们在不影响其思想内容的情况下，做了适当删节。例如古罗马西塞罗为诗人阿尔基亚罗马公民权的辩护词对今天的青少年读者已失去意义，但西塞罗关于文学、诗人、荷马的“离题话”却具有普遍和永久的教益。又如 1880 年陀思妥耶夫斯基在普希金纪念大会上发表的著名演讲，其中对普希金的长诗《茨冈》与《叶普盖尼·奥涅金》的分析无疑具有很高的文学批评价值，但鉴于篇幅和专业性，我们只选了陀氏论俄罗斯精神追求的世界性这一部分。

有些演讲的背景故事与演讲内容有着内在的联系。例如第一次世界大战期间，时任少尉的戴高乐在凡尔登战役中受伤，被德军俘虏，关押期间他通过德文报纸学习德语。1962 年 9 月，戴高乐总统为推动法德和解访问德国，在路德维希堡宫用德语对德国青年发表演讲，感动听众的不仅是演讲的内容，还有他曾在德军战俘营学习德语的经历。

好的演讲并无一致的标准，但有共同的要素：

一是思想。思想引导人们思考。好的思想家不见得是好的演说家，但好的演说家往往是好的思想家。雨果在《纪念伏尔泰逝世一百周年的演说》中说："这些思想家教会人们思考，只有好好思考，才能好好行动，正确的思考会带来心中的公正。"

其他几位作家也在他们的演讲中表达了这一观点。柏格森提出在举止的礼貌之上，还有一种"精神的礼貌""心灵的礼貌"。这种可称为美德的礼貌是在可触知的世界以外，对正义和仁慈的延续，它为日常生活中人与人之间建立的实用关系平添了一种艺术的魅力。福克纳说作家的工作是写"人类心灵的自我冲突"，写人类"能够同情、牺牲和忍耐的精神"；加缪表示，造就作家这个伟大职业的两项任务是“为真理和自由服务”，“拒绝知情而说谎和反抗压迫”。

二是语言。雄辩的语言具有不可抗拒的说服力和感染力。许多优秀的演说词都是经典的法庭辩护词，例如布鲁诺《在接受宗教裁判所审判时的演说》就是他恢宏的自然哲学的宣言；甘地在阿布马达巴德法庭上的陈述《非暴力是我的第一个信条》展示了无可辩驳的逻辑，这一逻辑的导向不是根据现行法律证明自己无罪，而是直指现行法律本身的不公正性。

三是激情。激情源自坚定的信念和持久的信心。例如马丁·路德·金在《我有一个梦想》中脱稿说出那段著名的排比句“我梦想有一天……”之后，接着说道：“这就是我们的希望。我带着这个信念回到南方。秉持这一信念，我们就会从绝望之山辟出希望之石。秉持这一信念，我们就会把我们国家刺耳的噪音转变为一曲歌颂兄弟情谊的优美的交响乐。秉持这一信念，我们就能够一起共事、一起祈祷、一起奋斗、一起入狱、一起争取自由，我们知道我们终有一天将获得自由。”这段话不仅把马丁·路德·金不可动摇的信念和信心表达得淋漓尽致，也把他在林肯纪念堂前面对二十五万民众发表的演讲推到激动人心的高潮。

诗意和哲理的结合也是表达激情的重要修辞方法，我们可以举泰戈尔1924年在清华大学的演讲为例：“蕴含独立生命的种子并不知晓自身全部的真相。我们从萌发的叶鞘无从得知生命会以何种形式展露自己，树枝会结出怎样的果实。在人类历史上，造化的力量往往在暗中进行，人类却有幸能够引导这股力量的走向，借此参与到自身命运的发展中。当今时代的叶鞘已然萌发。这个新生命成长的脉动要靠你们，你们每一个人去触摸。”这段话将时代比作从种子到叶鞘，再到果实的演变过程，充满了造化的秘密和惊喜。而人的生命，特别是处在成长期的年轻人又何尝不是呢！

四是主题。演讲要达到好的效果，主题不能分散。一篇演讲的亮点通常是主题的点睛之笔，是剥掉外壳后露出的果核。例如胡适赠送北京大学毕业生的三种防身药方；波兹曼对纽约大学毕业生的告诫，“你们不是得做雅典人就是得做西哥特人”；乔布斯对斯坦福大学毕业生的祝愿，“保持求知欲，保持赤子心”，“最重要的是，要有勇气追随你的内心和直觉”；奥巴马在开学日对全美学生现身说法时强调的“每个人为自己的教育担负的责任”，“你们的教育成果将决定这个国家的未来”。

至于演讲的技巧，其实并无一定之规，完全因人、因时、因地、因情景而定。好的演讲从来不拘泥于形式。每一篇伟大的演讲都不可复制，是全人类共同的精神财富。

本书演讲者的简介与题解由选编者编写。简介概括介绍演讲者一生的重要事迹和成就，题解尝试回顾演讲的历史背景，并点明主题思想。

感谢本书的所有译者。感谢活字文化的全力协助。感谢“给孩子系列”丛书主编北岛的信任。

1940 年，富兰克林 · 罗斯福在宾夕法尼亚大学的一次演讲中说过这样一句话：“我们不能总是为我们的青年创造美好的未来，但我们能够为未来造就我们的青年一代。”

事实上，每一代青少年都需要在吸收前人思想的同时不断地自我造就。他们像涓涓清流，从冰川雪山出发，带着草木的芳香，渐渐汇入江河湖海，继续人类的冒险。

希望这本书能使青少年在进入社会之前，用清新和挑战的目光，眺望未来。

未来需要青少年。

陈力川

2020 年 5 月 20 日，于巴黎

科学篇

乔尔丹诺 · 布鲁诺
Giordano Bruno

1548—1600

意大利哲学家、科学家、思想家。出生于西班牙哈布斯堡王朝统治下的那不勒斯王国的诺拉镇，父亲是西班牙军中的下级军官。布鲁诺青少年时代在那不勒斯接受人文主义教育，17 岁进入当地的修道院，得教名乔尔丹诺，1573 年被授神父圣职，1575 年通过关于托马斯 · 阿奎那的研究论文，成为神学博士，1576 年因阅读禁书，质疑天主教三位一体等核心教义遭“异端”指控，被开除教籍，开始流亡生涯，先后到过热那亚、威尼斯、帕多瓦、日内瓦，加入加尔文教派，但很快又被开除教籍。之后经停里昂、图卢兹到巴黎。法国国王亨利三世为他设立了一个“特别教席”。1583 年，布鲁诺随法国驻英国大使去伦敦，在牛津大学谋职未果，出版《论无限、宇宙和诸世界》等六本著作，反对托勒密的地心说，宣传哥白尼的日心说，但否定太阳是宇宙的中心，认为在太阳系以外还有无数的天体。他的宇宙无限思想遭到英格兰教会的反对。1585 年布鲁诺重返法国，与巴黎大学博士就亚里士多德的谬误进行辩论。1586 至 1591 年，先后赴德国维滕贝格、布拉格、黑尔姆施泰特和法兰克福讲学。1588 年被路德教派开除教籍。1592 年 5 月 23 日，布鲁诺在威尼斯被他的一名学生告发，遭天主教宗教裁判所逮捕入狱，翌年被引渡到罗马教廷，在被囚禁的七年中，受到二十多次审讯，布鲁诺始终坚持自己的泛神论和宇宙观，拒绝反悔，“在真理面前半步也不后退”。1600 年 2 月 9 日，在教皇克莱芒八世的指使下，宗教裁判所宣布他的“异端罪”成立，判处火刑。听到判决后，布鲁诺回答说：“你们宣布这一判决肯定比我接受这一判决更加恐惧！”1600 年 2 月 17 日，布鲁诺在罗马鲜花广场被处以火刑。

这篇演讲与其说是布鲁诺在法庭上的辩护词，不如说是他自然哲学的宣言，宗教裁判所对他的审判并非日心说和地心说之争这么简单，更涉及他的科学、神学和宇宙无限论等更深层的思想。他的宇宙无限大，世界无限多的观念与天主教神学相冲突，但非常符合现代科学的空间理论。在布鲁诺为真理殉难三十三年后（1633），伽利略也遭到罗马宗教裁判所的审判，被迫收回自己的科学主张，公开否定哥白尼的日心说，其著作《关于两种世界体系之间的对话》被销毁。罗马教廷于1992年在约翰·保罗二世担任教宗时为伽利略平反，但对布鲁诺遭受的迫害仅以道歉了事，未予昭雪。

布鲁诺

在接受宗教裁判所审判时的演说（节选）

整个说来，我的观点有如下述：存在着由无限威力创造的无限宇宙。因为，我认为，有一种观点是跟上帝的仁慈和威力不相称的，那种观点认为，上帝虽具有除创造这个世界之外还能创造另一个和无限多个世界的能力，但似乎仅只创造了这个有限的世界。

总之，我庄严宣布，存在着跟这个地球世界相似的无数个单独世界。我同毕达哥拉斯一样，认为地球是个天体，它好像月亮，好像其他行星，好像其他恒星，它们的数目是无限的。所有这些天体构成无数的世界。它们形成无限空间中的无限宇宙，无数世界都处于它之中。由此可见，有两种无限——宇宙的无限大和世界的无限多，由此也就间接地得出对那种以信仰为基础的真理的否定。

我还推定，在这个宇宙中有一个包罗万象的神，由于神，一切存在者都在生活着、发展着、运动着，并达到自身的完善。

我用两种方式来解释它。第一种方式是比作肉体中的灵魂：灵魂整个地处在全部之中，并整个地处在每一部分之中。这如我所称呼的，就是自然，就是上帝的影子和印迹。

另一种解释方式是一种不可理解的方式，借助于它，上帝就其实质、现有的威力说，存在于一切之中和一切之上，不是作为灵魂，而是以一种不可解释的方式。

至于说到第三种方式的上帝之灵，我不能按照对它应有的信仰来理解它，而是根据毕达哥拉斯的观点来看待它，这种观点跟所罗门对它的理解是一致的，即我把它解释为宇宙的灵魂，或存在于宇宙中的灵魂，像所罗门的箴言中所说："上帝之灵充满大地和那包围着万有的东西。"这跟毕达哥拉斯的学说是一致的，维吉尔在《伊尼德》第六歌中对这一学说做了说明：

> 苍天与大地，太初的万顷涟漪，
> 那圆月的光华，泰坦神的耀眼火炬，
> 在其深处都有灵气哺育。
> 智慧充溢着这个庞然大物的脉络，
> 推动它运行不息……

按照我的哲学，从这个被称作宇宙之生命的灵气，然后产生出每一个事物的生命和灵魂。每一个事物都具有生命和灵魂，所以，我认为，它是不朽的，就像所有的物体按其实体说是不朽的那样，因为死亡不是别的，而是分解和化合。这个学说大概是在《传道书》中讲到太阳之下没有任何新事物的地方阐述的。

（汤侠声　译）

约翰·F. 肯尼迪

John F. Kennedy

1917—1963

美国政治家，第 35 任美国总统，出生于马萨诸塞州布鲁克莱恩市，父亲约瑟夫·P. 肯尼迪曾在罗斯福总统任内担任美国驻英国大使。肯尼迪 1940 年毕业于哈佛大学。第二次世界大战期间应征入伍，担任海军少尉，从事情报工作，曾因救助落难海军船员的英勇事迹获颁紫心勋章等多项二战奖章。战后步入政坛，1946—1960 年先后担任众议员和参议员，1960 年 11 月 8 日，以微弱的优势战胜尼克松，当选为美国最年轻的总统，任内经历了古巴导弹危机、柏林墙的建成、美苏太空竞赛、越南战争，以及美国民权运动等重大事件。1963 年 11 月 22 日在得克萨斯州达拉斯市遇刺身亡。

1961年4月12日，苏联宇航员尤里·加加林乘坐东方一号宇宙飞船飞入太空，在外层空间轨道上绕地球一周，历时1小时48分钟，这是宇宙飞船首次载人飞行。为了追赶苏联在太空竞赛中的优势，上任不到半年时间的肯尼迪总统于5月25日在美国众参两院特别会议中宣布实施“阿波罗”计划：“我相信我们的国家将在这个十年结束前完成一个目标，即让宇航员登陆月球并安全返回。”当时有58%的美国人反对这项无比昂贵的计划。1962年9月12日，肯尼迪总统在莱斯大学发表了这篇题为《我们选择登月》的著名演讲。他将人类五万年的历史浓缩为五十年，说明“人类在追求知识和进步的过程中坚定不移，而且不可阻挡”。他郑重宣布“我们这一代绝不会甘愿在即将到来的太空时代的浪潮中后退”。肯尼迪总统遇刺后不久，位于佛罗里达州的美国国家航空航天局（NASA）的发射中心改用他的名字命名。1969年7月20日，肯尼迪遇刺不到六年，在他的竞争对手尼克松总统任内，由三名宇航员阿姆斯特朗、科林斯和奥尔德林驾驶的阿波罗 11 号飞船从肯尼迪航天中心起飞，成功登月，完成了“个人一小步，人类一大步”的历史壮举。

肯尼迪

我们选择登月

皮策校长、副校长先生、州长、众议员托马斯、参议员韦利、众议员米勒、韦伯先生、贝尔先生、科学家们、尊贵的来宾们、女士们、先生们：

非常感谢你们的校长授予我荣誉客座教授的头衔，我向你们保证我的第一个演讲将会非常简短。

我很高兴来到这里，特别是借此机会来到这里。

我们在这所以知识闻名的大学，在这座以进步著称的城市，在这个以实力享誉的州相会，而我们迫切需要的正是这三种特质，因为我们相会在一个变化和挑战涌现的时刻，一个希望与恐惧交织的十年，一个知识与无知并存的时代。我们的知识增长得越多，我们的无知显露得越多。

一个惊人的事实是，尽管享誉世界的大多数科学家如今仍健在且努力工作，尽管我们国家的科研力量以每十二年翻一番的速度增长，超过了我们人口增速的三倍，尽管如此，未知、未解、未完成的广度还是远远超出我们的集体理解力。

没有人能够完全了解我们走得多远多快，但是如果你愿意，可以把人类有记载的五万年历史浓缩成半个世纪的时间跨度。按这个标准折算，我们对头四十年知之甚少，只知道在快要结束的时候，人类进化到学会使用兽皮遮体。以这个标准，大约十年前，人类走出他们的洞穴建造其他形式的住所。仅仅五年前，人类才学会书写和使用有轮子的车辆。不到两年前，基督教兴起。今年印刷术问世，不到两个月前，在人类历史整个五十年的跨度中，蒸汽机才提供了新的动力来源。

牛顿探索了引力的意义。上个月电灯、电话、汽车和飞机得到应用。就在上周，我们研发了青霉素、电视和核能。现在，如果美国的新型航天器成功抵达金星，我们就能在今晚午夜之前真正实现星际之旅。

这是激动人心的一步，但是这样的一步在消除旧的灾难、无知和问题的同时，必定会制造新的灾难、无知、问题和危险。毫无疑问，太空展现的远景预示着高昂的代价和巨大的困难，同样还有丰厚的回报。

因此，会有人让我们原地歇息、等待。可是休斯敦这座城市，得克萨斯这个州，美国这个国家不是那些歇息、等待、总是留恋过去的人建立起来的。这个国家是那些阔步前进的人征服的——太空也将如此。

威廉·布拉福德在1630年谈到建立普利茅斯殖民地时说过，所有伟大、光荣的行动都伴随着巨大的困难，行动必须用负责任的勇气去完成，困难必须用负责任的勇气去克服。

倘若这段浓缩的进步史能教给我们什么，那就是人类在追求知识和进步的过程中坚定不移，而且不可阻挡。无论我们是否加入，太空的探索都将向前发展，它是有史以来的伟大探险之一，没有任何一个希望成为世界领袖的国家甘愿在太空竞赛中落于人后。

我们的先辈确保这个国家赶上了工业革命的第一波浪潮、现代发明的第一波浪潮和核能的第一波浪潮，而我们这一代绝不会甘愿在即将到来的太空时代的浪潮中后退。我们决意参与其中，我们决意引领潮流。为了世界上遥望太空、月球和其他星球的人们，我们发誓我们会看到占领太空的不是敌人征服的旗帜，而是自由与和平的旗帜。我们发誓我们会看到太空布满的不是大规模杀伤性武器，而是获取知识和理解的工具。

然而这个国家的誓言只有在我们成为第一的情况下才能实现，因此，我们要争当第一。简而言之，我们在科学和工业上的领导地位、我们对和平和安全的期望、我们对自身和他人的责任，都要求我们做出努力，破解这些谜团，为全人类的福祉破解它们，成为世界领先的航天国家。

我们在这片崭新的海域扬帆起航，因为要去获取新的知识，赢得新的权利，而赢得的权利必将用于全人类的进步。因为太空科学正如核科学和所有技术一样，本身并不能被定义为好或坏。其成为善或恶的力量取决于人类，只有当美国占据优势地位，我们才能够帮助决定这片全新的“海域”将成为“和平之海”还是新的“可怕的战场”。我并不是说我们不应该对恶意使用太空加以防范，一如我们对恶意使用陆地或海洋不应当不加防范；我是说可以在探索和掌控太空的同时不燃起战火，不重复人类在我们这个星球扩张势力时犯下的错误。

目前在太空还没有纠纷、偏见和冲突。它的危险针对我们所有人。征服太空值得人类尽其所能，而它提供的和平合作的机遇也许不会重来。可是有人会问，为什么是月球？为什么选择月球作为我们的目标？他们也许也会问为什么要攀登最高的山，为什么三十五年前要飞越大西洋，为什么莱斯大学要和得克萨斯大学赛球。

我们选择登月。我们选择在这个十年登月并做其他事情，不是因为它们简单，而是因为它们困难，因为那个目标有助于组织和施展我们最好的能力和技术，因为那是我们乐于接受的挑战，是我们不愿推迟的挑战，是我们决意要赢的挑战，其他事情也是如此。

正是基于这些理由，我在去年决定加快推进我们在太空领域的计划，这是我总统任职期间所做的最为重要的决定之一。

在过去的 24 小时里，我们看到正在为人类历史上最伟大、最复杂的探险建造的设备。我们感受到土星 C–1 助推火箭测试时地面的震动和空气的颤抖，其威力比发射约翰·格伦的阿特拉斯火箭强大数倍，产生的动力相当于一万辆汽车踩足油门的功率。我们看到即将组装五个 F–1 火箭引擎的场地，每个引擎的功率是土星火箭八个引擎的总和，它们将用于制造先进的土星导弹，在卡纳维拉尔角一栋即将兴建的大楼内完成组装，新建筑高达四十八层，宽度相当于一个城市街区，长度是这个体育场的两倍。

在过去的十九个月内，至少有四十五颗卫星进入环绕地球的轨道。其中大约四十颗是“美利坚合众国制造”，它们比苏联的卫星更加精密，向世人提供的知识也更多。

现在正飞往金星的水手号飞船是太空科学史上最错综复杂的装置。这次发射的精准度相当于从卡纳维拉尔角发射一枚导弹，让它落在这个体育场两条相距四十码的线之内。

海事卫星使我们海上的船只航行更安全。泰洛斯气象卫星给我们发送前所未有的飓风和风暴预警，并将为森林火灾和冰川发出警报。

我们有过失败，其他人也不例外，即使他们不承认，他们可能只是没有公开罢了。

很显然，我们落后了，而且在载人航天领域还会落后一段时间。但是我们不打算一直落后下去，我们将在这个十年迎头赶上并领先。

我们的科学和教育的发展将因为宇宙和环境的新知识，新的学习、制图和观测技术，以及应用于工业、医学、家庭和学校的新工具和计算机而得到充实。像莱斯大学这样的技术研究机构将收获这些成果。

最后，航天事业本身虽然仍处于起步阶段，却已经孕育出数量庞大的新公司和数以万计的新岗位。航天及其相关产业带来对投资和技术人员的新的需求，而这个城市、这个州、这个地区将充分分享这个红利。曾经西部古老边疆的最偏远的前哨将成为新兴的科学和航天事业的先锋阵地。拥有载人太空飞船中心的休斯敦，你们的城市休斯敦，将成为一个庞大的科学和工程社区的心脏。在接下来的五年中，国家航空航天局预计将这个领域的科学家和工程师的人数增加一倍，将薪水和其他支出增长到一年六千万美元，将投资约两亿美元兴建工厂和实验室设施，与这座城市中的这个中心签订超过十亿美元的新的航天合同。

毫无疑问，所有这一切会花掉我们很多钱。今年的航天预算是 1961 年 1 月的三倍，超出过去八年航天预算的总和。这项预算如今达到每年五十四亿美元—— 一个令人震惊的数字，但还是略低于我们每年在香烟和雪茄上的消费。美国的航天支出很快还会有所增长，从每人每周四十美分增加到无论男女老少每人每周五十多美分。因为我们赋予这个项目国家优先权——但是我意识到这在某种程度上是一种有信心、有远见的行为，因为我们现在并不知道等待我们的好处是什么。

但是，同胞们，如果我要说我们将从休斯敦的指挥中心向二十四万英里之外的月球发射一枚三百多英尺高的巨型火箭，相当于这个体育场的长度，它由新的合金制成。其中一些材料尚未发明出来，能够承受数倍于已知材料承受力的高温和压力，以优于最精密的手表的精确度完成组装，携带为推进、导航、控制、通信、食物和生存所需的全部设备，完成一个前所未有的使命，去往一个未知的天体，然后安全返回地球，以超过二万五千英里的时速重新进入大气层，产生的高温大约接近太阳的一半——几乎和今天一样热——我们要做到这一切，而且要做好，并在这个十年结束之前做到——那我们必须勇往直前。

我是那个完成所有工作的人，我们就想让你们再冷静一会儿。

无论如何，我认为我们要做这件事，该花的钱就得花。我认为我们不应该浪费一分钱，但我们应该做这件事。这件事将在六十年代的十年间完成。可能会在你们当中某些人还在这个学院和这所大学期间完成，可能会在台上就座的一些人士的任期之内完成。无论怎样它都将完成，都将在这个十年结束前完成。

我很高兴这所大学能参与到美利坚合众国这一项伟大的国家事业中，为载人登月做出贡献。

多年前，在珠穆朗玛峰遇难的英国伟大的探险家乔治·马洛里曾被问及为何要攀登珠峰。他说："因为它在那里。"

是啊，太空在那里，我们也将攀登太空，月球和诸行星在那里，知识和和平的新希望在那里。因此，在我们启程的时候，让我们祈祷上帝保佑人类有史以来所从事的最危险和最伟大的冒险。

谢谢大家。

（吴冬月　译，陈力川　校）

理查德·菲利普斯·费曼
Richard Phillips Feynman

1918—1988

美国理论物理学家，科普作家，生于纽约，父母为立陶宛犹太人，父亲是一位爱好科学的商人，也是费曼的启蒙老师。费曼从小聪慧好学，小学毕业后自学微积分，中学时自学狭义相对论，1935 年进入麻省理工学院读本科，1939 年进入普林斯顿大学读研究生。1942 年，当他还在写博士论文的时候，受邀加入奥本海默领导的曼哈顿计划，参与研制原子弹。1945 年 8 月 6 日，美国在广岛投掷原子弹后，费曼意识到原子弹对人类产生的严重后果，对参与研发原子弹十分懊悔。1945 年，费曼前往康奈尔大学任教，1951 年转入加州理工学院任教。1959 年费曼预测了纳米技术实现的可行性。1964 年出版《费曼物理学讲义》。早在 20 世纪 40 年代，费曼就提出并完善了研究量子电动力学和粒子物理学的重要工具“费曼图”。1965 年，费曼因在量子电动力学方面的贡献，与施温格和朝永振一郎共同获得诺贝尔物理学奖，但费曼并不以此为荣，认为真正的奖赏是发现的乐趣和他的研究得到应用。他被视为继爱因斯坦和玻尔之后，影响力最大的理论物理学家。1986 年，费曼应邀加入了调查挑战者号航天飞机失事原因的罗杰斯委员会，是这个委员会中唯一的科学家，他的少数派调查报告使他成为美国家喻户晓的人物。费曼业余爱好广泛，喜欢打邦戈鼓，破译玛雅文明的象形文字，等等，著有《别闹了，费曼先生》《你管别人怎么想》《发现的乐趣》等科普作品。

费曼在这篇演讲中指出科学的第一重价值是帮助人们制造各种东西，但他用“一念天堂，一念地狱”来比喻科学知识本身并无善恶之分，它是一种力量，本身不能决定自己的用途，其价值取决于人类给它的指令。科学的第二重价值是满足我们“心智的享受”，改变我们对世界的看法，因为“科学研究告诉我们，自然的想象力远远超过人类的想象力”。科学的第三重价值是培养一种哲学态度，“承认自己的无知”，这对于发现和进步至关重要，“存疑和科学并不矛盾”，解放思想和自由思考是探索未知世界的钥匙。

费曼

科学的价值

人们时常对我说，科学家应该多关心社会问题——尤其是科学会对社会造成很大冲击，你们科学家应该在这方面多担责任。其他科学家也一定会碰到类似的情况。大家似乎普遍认为，只要科学家们多花些时间来关注这些非常棘手的社会问题，而不是花那么多时间忙活一些无关紧要的科学研究，我们的社会就会有巨大的改观。

在我看来，我们确实也会经常思考这些问题，只不过没有把它当成本职工作而已。因为，我们知道自己并没有解决社会问题的灵丹妙药——社会问题比自然科学问题棘手得多，而且，即便我们认真思考了那些问题，通常也没有什么结果。

我认为，科学家在考虑非自然科学问题的时候，他比普通人高明不了多少——当他就社会问题发表意见时，他也会像其他门外汉一样幼稚。今天我要讲的话题“科学的价值”不是一个纯自然科学的问题，所以，大家会发现今天的演讲肯定会验证我刚才这句话。

科学的第一重价值人人皆知，那就是“科学知识帮助人们做各种事情、制造出各种东西”。当然，如果我们做了善事，那也不单单是科学的功劳，引导我们行善的道德选择也很重要。科学知识是一种力量，我们用它行善，也能利用它作恶——它本身不能决定自己的用途。这样一种力量显然是有价值的，尽管可能由于使用不当而失去价值。

我曾经去过檀香山，在那里我学到了一个说法，它可以表述这个具有普遍性的人类社会问题。有个寺庙的住持向游客讲了一点点佛法，最后他送游客一句话，说这会让他们终生铭记——我本人就一直没忘。那是佛经上的一句偈语：一念天堂，一念地狱。（原文：To every man is given the key to the gates of heaven; the same key opens the gates of hell. 直译为：每人都有一把打开极乐世界的钥匙，同时这把钥匙也能打开地狱之门。）

如此说来，什么是打开天堂的钥匙的价值呢？确实，如果没有明确的指令指引我们打开天堂之门或是地狱之门，那么，我们手中的钥匙还真是个危险的物件。可是那把钥匙又显然有价值，没有了它，我们怎样去天堂呢？

没有钥匙，指令就毫无意义。所以很明显，虽然科学可能给世界带来巨大伤害，毕竟它还是有价值的，因为它能制造出有价值的东西。

科学的另一重价值是心智的享受。有人从阅读、学习和思索科学的过程中获得这种乐趣，还有人从科学研究中获得乐趣。这一点很真实，也很重要，而那些人对此却没有充分的认识——那些人说我们科学家有责任反思科学对社会的冲击和负面影响。

相对于整个社会价值而言，这种科学价值是否仅仅等同于个人乐趣？话不能这样说。应该说，我们也有责任去考虑社会存在的价值。归根到底，倘若社会发展的目标就是让人们能够享乐一切，那么，享受科学带来的乐趣就像其他任何事情一样重要。

但是我不能低估科学的世界观的价值——科学发现不断改变我们对世界的看法。科学赋予我们想象力，那些恣肆汪洋的想象远比过往年月里诗人和梦想家所描述得更加不可思议和瑰丽多彩。科学研究告诉我们，自然的想象力远远超过人类的想象力。比如，我们这些地球人——其中一半人还头朝下——被一种神秘的吸引力吸附在一个不断旋转的球体上，而这个球体在茫茫宇宙中已经旋转了几十亿年，这难道不比“浩渺的大海里浮游着一只大海龟、海龟驮着象、象又驮着大地”这种想象更激荡人心吗？

我常常独自思考这些问题。如果在这里我提起这些众所周知的常识，或者这一类的知识，我希望在座各位能谅解，可是过去的人们不可能知道这些知识，因为他们和我们不一样，没有办法认识这个世界。

比如，我一个人站在海边，思绪万千。海浪翻滚……那是无数分子堆积成的，每个分子只管傻傻地忙乎自己的事……分明是亿万独立的个体……合在一起便形成了白浪。

代复一代，年复一年……生灵万物出现之前……惊涛便如此这般拍击着海岸。所为何人？又所为哪般……在一个没有任何生命可取悦、死寂的星球上。

永不停息……能量驱使一切……太阳肆意挥霍……倾泻于宇宙……些许就引发海的咆哮。

大海深处，分子重复一样的排列，直到生成复杂的新组合。它们复制自身……然后，崭新一幕上演。

日益增长的规模和复杂性，生物，原子团、DNA、蛋白质，舞着一个更为复杂的世界。

跳出海洋摇篮，走上干燥的大地……天地间有了一个它……有知觉的一堆原子……充满好奇的一团物质。

站在海边……奇迹在惊异中出现……我……在一个原子的宇宙中……不过是宇宙中的一个原子。

每当我们足够深入研究一个问题时，同样的激动、敬畏和神秘感，会一次又一次袭来。了解越多，研究越深入，就会发现更奇妙的秘密，诱使人们越发深入探究。从不在意结果可能令人失望，我们总是愉悦自信地翻开一块又一块石头，试图发现意想不到的奇妙之事，而它又会引领我们领略更美妙的问题和神秘之事——这无疑是一场伟大而美妙的冒险！

确实，不做科学研究的人，没几个人能有这种宗教般的体验。我们的诗人不去歌颂它，我们的画家不去描绘这样不同寻常的情景。我也不理解。难道没有人从我们科学家现在对宇宙的描述中得到创作灵感吗？科学的这种价值，至今还没有一个歌手颂扬过它。所以，今晚，诸位不得不听我讲科学——不是一首科学赞歌，也不是一首诗歌，就是听一晚上的讲座。可见，科学的时代还是没有到来啊！

造成这种局面的一个原因大概是，你需要看懂乐谱才能唱歌。举个例子，科学论文里说："老鼠大脑里的放射性磷每两个星期减少一半。"好了，这什么意思呢？

这意味着，老鼠的脑子（你我的脑子也一样）里面的磷已经不是两个星期以前的磷了。这意味着，脑子里的原子会被全部更替，原先的原子已经不存在了。

所以，这个大脑到底是什么呢？这些有意识的原子又是什么呢？就像是上星期吃的土豆！现在，它能记得我脑子里一年以前的想法，而那时候的脑子早就已经被换过了。

人们发现大脑里的原子需要多久会被别的原子替换，其意义就在于提醒大家，区别旁人和我的重要器官，只不过是一种组合，或说是一种舞步。原子来到我脑子里，跳一支舞，然后走人——原子常新，舞步依旧，永远记得昨天的跳法。

当我们在报纸上看到这条消息："科学家认为，这一发现可能帮助人类攻克癌症。"报纸只关注一个想法的用途，而不去注意那个想法本身。难得会有人懂得一个想法的重要性，以及它是多么不同寻常。尽管如此，还是有些孩子会对这个想法感兴趣。一旦某个孩子被这想法吸引，我们就多了一个科学家。这些想法的影响力确实会慢慢扩大（即便众说纷纭，说看电视会替代思考），很多孩子会开始注意科学的各种奇思妙想——这样他们就可能成为未来的科学家。一旦等他们上了大学，那就太晚喽。所以，我们必须尝试着给孩子们讲解这些想法。

现在，我要讲讲科学的第三重价值了。这个价值不是那么直观，但并不牵强。科学家对于自己的无知、怀疑和不确定深有体会，我以为这些经历非常非常重要。当一个科学家不知道某个问题的答案时，他是无知的。当他凭直觉猜到结果会是怎样的，他并不确定。而当他对结果相当有把握时，他还是有一点点怀疑。我们发现，要进步，我们必须承认自己的无知，还要心中存疑——这种心态至关重要。科学知识是一些陈述的集合，这些陈述有不同程度的确定性——有的基本不确定，有的几乎可以确定，但没有一条陈述是绝对有把握的。

如今，我们这些科学家已经接受这一点了，并且理所当然地认为：存疑与科学并不矛盾——无知是一种常态。可是，我不知道是否每个人都意识到了这一点。今天我们能存疑的自由，缘于科学在发展早期与权威势力的斗争。那是一场酷烈的斗争，意义极其深刻。我们争取到了质疑的权利，也就是允许我们去怀疑，凡事都不能那么确定。我认为这一点很重要：我们不能忘记这场斗争的重要性，即使有可能失去业已得到的东西。这是科学家对社会的责任。

人类看来拥有无限的潜能，而相比之下成就却如此有限，每每想到这点，我们都会很难过。一次又一次，我们都认为自己本应做得更好些。前人在他们所处的黑暗时代中畅想未来；作为后来人，今天我们目睹他们的一些梦想实现了，而很多却仍然是梦想。今人对于未来的希望，很大程度上，依旧是古人对未来的梦想。

曾经有人认为，人的潜能之所以没有被完全开发出来，是因为大多数人没有接受教育。照这样说的话，随着教育的普及，人人都能成为伏尔泰吗？就教学成效而言，教人为恶与教人向善一样立竿见影。教育的作用很大，但它既可能是好事，也可能是坏事。

国家和民族间的交流必定会促进相互理解——这可能又是一个美好的梦想。可是，交流的渠道可以被操纵——或是畅通，或是被堵塞。交流的内容可能是真理，也可能是谎言。交流的作用很大，但是，同样地，它既可能是好事，也可能是坏事。

应用科学至少应该能给人们物质生活的保障吧。医药能控制疾病，这方面的记载好像全都是正面的吧。其实不然，也有人在孜孜不倦地埋头研制瘟疫病毒和毒药，以便用于今后的战争。

几乎所有人都讨厌战争。我们今天的梦想是和平。我们认为，在和平年代，人能够充分挖掘自己巨大的潜能。可是，一旦实现了永久和平，未来的人们可能会发现，和平同样是双刃剑，也有好坏两面。久享太平的人们也许会因为无所事事而酗酒，而酗酒对于一个想充分发挥自己潜能的人来说，将会是很大的一个障碍。

显然，和平也是一大力量，就像其他力量一样，比如清醒、物质力量、交流、教育和诚实，还有，梦想家的很多共同理想。

上述力量中，今天我们可以操控的力量比古人要多。或许，我们比大多数古人做得要好一点。但是，我们本来应该能做成更多且更伟大的事情，就此而言，我们那点可怜的成就只不过是沧海一粟。

原因何在？为什么我们不能战胜自己？

那是因为，我们发现，那些力量或是人的能量再也没有附带使用说明。例如，关于世界如何运行的知识，我们积累了很多。可是，这种知识越多，越让我们坚信，这些运行似乎毫无意义可言。各种各样的科学知识并不直接教人向善或是作恶。

古往今来的人们一直在寻找人生的意义。他们认为，如果有一个方向或意义来指引人类的行动，人类自身巨大的潜能必定会被释放出来。于是乎，很多很多的答案应运而生。可是，这些形形色色的说法相去甚远，其中某一种说法的支持者，会把信奉另一种说法的人们的行为看作是洪水猛兽。之所以心怀恐惧，那是因为看法不同，他们会认为信奉不同理念的人们的所有潜能都会被引入歧途，进入一条狭隘的死胡同。历史上有无数因虚妄的信仰导致的恶性事件，哲学家正是从中才意识到人类拥有无穷的、神奇的潜能。于是，新的梦想来了：如何找到那个通道？

那么，这其中的含义又是什么呢？如何一言道尽人生存在之谜呢？

如果凭借我们所有已知的知识，既有古人掌握的知识，也有现代人知道的而古人未知的知识，那么，我们必须坦白承认，我们不知道。

可是，坦白承认了这一点，也许我们已经找到了那个通道。

这不是一个新的想法：这是理性时代的想法。正是这一哲理启发了我们的先贤们，他们创造了我们目前生活其中的民主制度。这个想法就是：没有谁真正知道如何管理政府，所以我们应当创造这么一个制度，在这一制度下，新想法有机会产生、被试验、有可能被丢弃、继而产生更多的新想法；这是一个“试错”的制度。这一做法的出现基于这个事实：到18世纪末，科学已经证明自身是一个成功的冒险。把科学精神引入社会运行适当其时。那时关心社会运行的人们就已经清楚地看到：坦然面对各种可能性就会带来机会，怀疑和讨论是探索未知世界的关键。假如我们要解决前人从未解决的问题，我们就必须打开未知之门。

作为地球上的一个物种，人类还处在初期发展阶段，问题一箩筐也不足为怪。人类的未来还很长。我们有责任去做我们该做的，尽量去学习、寻求更好的解决办法，并将这些办法传给后人。我们有责任尽量不给后人遗留下问题。在人类的年少轻狂期，我们有可能犯下严重的错误，以至于长时期阻碍自己的成长。我们人类还处于青少年期，还很无知，假如我们说自己今天就已经知道了答案，那就会犯这样的错。如果我们压制言论，压制批评的声音，宣称：“这就是答案，朋友们，人类得救了！”这样一来，人类就会被长期套上权威的镣铐，并局限于眼前的想象。这样的事情已经发生得太多了。

身为科学家，我们知道，“假定自己是无知的”这种哲学态度取得了长足的进步，它具有巨大的价值，而这种进步是解放思想、自由思考的结果，所以我们有责任大声赞扬自由思考的价值；我们有责任让大家知道：为什么不要害怕质疑，而是要张开双臂去欢迎质疑，并展开讨论；我们有责任要求子孙后代也要拥有这一自由。

（朱宁雁　译）

思想篇

维克多·雨果
Victor Hugo

1802—1885

法国诗人、小说家、剧作家，法国浪漫主义文学的重要代表，生于贝桑松，父亲是拿破仑麾下的一位将军。雨果十四岁立志成为夏多布里昂，十九岁出版第一部诗集，三十九岁当选为法兰西学院院士。青年雨果曾歌颂波旁王朝复辟，成年后转向自由民主思想，成为共和主义者。法国 1848 年 2 月革命后，出任国会议员。1851 年路易·拿破仑·波拿巴发动政变，建立法兰西第二帝国，雨果反对复辟帝制，投案自首，但警察拒绝逮捕他，遂流亡布鲁塞尔和英国属地泽西岛，后因批评英国维多利亚女王而迁居根西群岛，曾两次拒绝拿破仑三世的大赦令。1870 年，法国在普法战争中战败，第二帝国覆灭，雨果在民众的欢呼声中返回巴黎，先后被选为国会议员和参议员。雨果一生创作了大量诗歌、小说、戏剧、散文、政论和文学评论，代表诗作有《颂诗集》《东方集》《秋叶集》《光与影》《惩罚集》《静观集》，还有三卷本的《历代传说》。长篇小说《巴黎圣母院》《笑面人》《海上劳工》《悲惨世界》《九三年》为各国读者熟知和喜爱。他卓越的文学才华和人道主义思想，对真理和正义的热爱，对穷人、劳动者、苦役犯和妇女的深切同情，使他成为世界历史上影响最大、最持久的作家之一。他反对死刑，反对雇用童工，反对社会不公，呼吁全民普选，主张建立欧洲合众国，参与了 19 世纪欧洲几乎所有重大的社会斗争。1885 年 5 月 22 日，雨果因肺炎病逝，两百多万人为他送葬，遗体被安葬在先贤祠。

这是一个伟人纪念另一个伟人的伟大演说，时间是1878年5月30日。当时欧洲各国大都由国王或皇帝统治，法国在拿破仑三世倒台后建立了法兰西第三共和国，但面对保皇党和教会组成的守旧派，共和派争取信仰自由、新闻自由、全民普选、政教分离的斗争如火如荼。这一年法国举办世界博览会，在共和派报纸和共济会的策划下，巴黎议会拨款一万法郎召开伏尔泰逝世一百周年纪念大会，邀请参加世博会的各国代表出席，由声望如日中天的大文豪雨果发表演说。雨果对伏尔泰的文学成就一向有所保留，但将伏尔泰称为思想的领袖，对他在理性反对偏见，正义反对非正义，被压迫者反对压迫者的战斗中所做的历史贡献竭尽赞美之能事。雨果说伏尔泰用“轻如和风，猛如雷电”的笔“向司法揭露法官，向上帝揭露神父”，也可以看作他本人的自白。纪念伏尔泰逝世百年的活动遭到教会人士和保皇党的抵制，没有达到组织者的预期，但雨果激情四射的演讲被载入史册。

雨果

纪念伏尔泰逝世一百周年的演说（节选）

一百年前的今天，一个人过世了，但他是不朽的。他拥有长寿的岁月，留下了等身的著作，还担起过最荣耀、最艰巨的责任，即警醒和匡正人类的良知。他走了，既受到诅咒，又受到祝福，来自过去的诅咒和来自未来的祝福。先生们，这是荣誉的两种美好的形式。在他弥留之际，一边是同时代人和后代的欢呼和赞美，另一边是与他对峙的旧时代的人得意洋洋的嘘叫和仇恨。伏尔泰不仅是一个人，他代表着一个世纪。他行使过一个职能，他完成过一个使命。显然，他生来就被选定从事这个高尚的事业，这个借助他在命运法则和自然法则中崇高的愿望才能完成的事业。这个人活过的八十四年，经历了登峰造极的君主政体和曙光初现的革命时代。他出生的时候，路易十四还在统治，他去世的时候，路易十六仍然戴着王冠。所以，他的摇篮映照着王朝盛世的余晖，他的灵柩投射着大深渊最初的微光。

在此，先生们，让我们明确一下“深渊”的含义，这是善的深渊，这是恶势力跌落的深渊。

先生们，既然我已经停下来了，就请允许我把话说清楚。在这里的讲话必须谨慎和有益。我们到这儿来，是为了见证文明，是为了肯定进步，是为了接受哲学的恩惠，是为了让19世纪见证18世纪，是为了向高贵的战士和优秀的仆人表达敬意，是为了庆祝各国人民在工业、科学方面的努力、奋斗和付出，是为了巩固全人类的和谐。一句话，是为了歌颂和平，它是普天之下人人向往的崇高愿望。和平是文明的美德，战争是文明的罪行。我们在此伟大、庄严的时刻来到这里，是为了虔诚地服从道德的法则，是为了倾听法国对世界的呐喊：只有为正义服务的良心，才是强壮的；只有为真理服务的天才，才是光荣的。

好的，我继续说。

先生们，在大革命前，社会的建筑是这样的：人民处于最底层；人民的上面，是由神职人员代表的宗教；宗教的一边，是由法官代表的司法。

而在那时的人类社会，何为人民？人民代表无知；何为宗教？宗教毫无宽容可言；何为司法？司法与公正无关。

于是，伏尔泰啊，你发出厌恶的呐喊，这是你永恒的光荣！

…………

你开始和腐朽的过去打官司，你为人的尊严辩护，驳斥暴君和凶神，你胜诉了。伟大的人，你将永远受到祝福!

…………

伏尔泰独自面对这个轻薄、凄惨的社会，他不畏眼前各种力量的联合，宫廷、贵族、金融界；他们是不自觉的力量，是一大群盲目的人；这批无恶不作的法官，他们媚上欺下，俯伏于国王之前，凌驾于人民之上；这批虚伪、狂热、阴险的神职人员，伏尔泰，我再说一遍，他独自一人，对这个社会一切丑恶力量的联盟，对这个无比恐怖的世界宣战，他接受战斗。他的武器是什么？这武器轻如和风，猛如雷电。这是一支笔。

他用这支武器进行战斗并打败了敌人。

先生们，让我们向他致敬吧。

伏尔泰打败了敌人。他孤军奋战，打了响当当的一仗，这是一次伟大的战争。这是思想反对物质的战争，是理性反对偏见的战争，是正义反对非正义的战争，是被压迫者反对压迫者的战争，是仁慈的战争，是温柔的战争。他同时具有女性的温情和英雄的怒火，他有着伟大的头脑和博大的心胸。

他战胜了古老的法典、陈旧的教条，他战胜了封建君主、中世纪式的法官、古罗马的祭司。他赋予黎民百姓以做人的尊严。他教导人、安抚人、教化人。他为西尔旺[1]和蒙巴伊[2]而战，如同为卡拉斯[3]和拉巴尔[4]而战，他不畏一切威胁、一切侮辱、一切迫害、污蔑、流亡。他不屈不挠，坚定不移。他用微笑战胜暴力，用嘲笑战胜专制，用讥讽战胜永远正确，用坚毅战胜顽固，用真理战胜愚昧。

我刚才用了这个词，微笑。是的，微笑，这就是伏尔泰。

我们之所以这样说，是因为，这位哲学家在任何时候总是心平气和，他总能保持平衡的心态。无论他正义的怒火有多大，总会过去，恼羞成怒的伏尔泰总会让位于心平气和的伏尔泰。于是，在他深邃的双眸中露出了微笑。

这是睿智的微笑。这微笑，我再说一遍，就是伏尔泰。这微笑有时变成放声大笑，但是，其中不乏哲理的忧伤。他嘲笑强者，安抚弱者。他使压迫者不安，使被压迫者安心。他以嘲笑应对权贵，以怜悯安抚百姓。啊！我们应被这微笑感动。这微笑里藏有黎明的曙光。它照亮真实、正义、善良和诚实；它把迷信的内部照得

---

1 1762年，西尔旺夫妇在卡斯特尔被指控杀死自己的女儿，他们被迫逃往瑞士，向伏尔泰寻求庇护。伏尔泰收留了他们。1764年，西尔旺夫妇被缺席判处死刑。由于伏尔泰的努力，于1769年平反。——译者注

2 蒙巴伊和他的妻子被控合伙谋杀了他的母亲，蒙巴伊被处以车轮刑，其妻子被处以火刑。然而事实却是其母因中风死亡。——译者注

3 1762年，图卢兹的新教徒卡拉斯因被控杀害自己的儿子而被酷刑处死，事实上他的儿子死于自杀，雨果为其申冤。——编者注

4 1765年，阿布维尔的青年军官拉巴尔被控毁坏耶稣受难十字架，在没有任何证据的情况下被判处死刑，雨果为其申冤。——编者注

透亮，它让里面的丑恶显现出来。它散发着光芒，催促着新事物的诞生。我们在这伟大的微笑中看到了新的社会，平等、让步的愿望和被称作宽容的博爱，我们看到了相互的善意，与人相应的权利，承认理性是最高的准绳，取消偏见和成见，看到了心灵的安详，宽容和宽恕的精神，和谐，和平。

毫无疑问，在不久的将来，人们会认同这种睿智和宽厚。到那一天，当大赦颁布时，我敢肯定，伏尔泰一定会在天上，在繁星中向我们微笑。

…………

伏尔泰总是在微笑吗？不，我开头的讲话你们已经听到了，他经常义愤填膺。

当然，先生们，理性的最高法则是适度、审慎、有分寸。我们可以说，节制是哲学家的呼吸。智者应努力将“差不多”组成的哲学浓缩为某种泰然的确信。但是，有些时候，求真的激情有权利如同净化天地的飓风，愤然而起。我要强调的是，任何智者永远都不会动摇社会构建的两个庄严的支点，公正和希望，如果法官体现公正，人人都会尊敬他；如果神父代表希望，人人都会崇敬他。但是，如果法官的名字叫酷刑，如果教会的名字叫宗教裁判所，那么人们会站在他们面前，对法官说：我们不需要你的法规！对神父说：我们不要你的教条！我们不要你地上的火刑架，不要你天上的地狱！于是，愤怒的哲学家站出来了，他们向司法揭露法官，向上帝揭露神父！

这就是伏尔泰所做的，他真伟大。

我前面已经说了伏尔泰是一个怎样的人，接下来，我要说说，他的世纪是一个怎样的世纪。

先生们，大树挺立在一片森林之中才能显得更加高大，才能显示其价值。伟人们也一样，他们很少是孤独的，在伏尔泰的周围，有一片精神的森林。这片森林，便是18世纪。在这些才子中间，有一些颇为突出，他们是孟德斯鸠、布封和博马舍。还有两位是伏尔泰之后的巅峰：卢梭和狄德罗。这些思想家教会人们思考，只有好好思考，才能好好行动，正确的思考会带来心中的公正。他们所做的都是有益的：布封创立了博物学；博马舍第一次找到了莫里哀之外的喜剧，几乎是社会的喜剧；孟德斯鸠对法律深入研究并成功挖掘出了权利。至于卢梭、狄德罗，他们的名字必须单独列出。狄德罗学识渊博，性情温和，正义感强，他致力于将一定的概念作为真实思想的基础，并创建了《百科全书》。卢梭为妇女做出了巨大的贡献，他提倡母亲不仅要生育孩子，还要亲自哺乳，将摇篮边最尊贵的两位女性——生母及乳母合二为一；卢梭的作品，雄辩有力，真挚感人，他是沉思者、演说家，他经常预言和宣告政治真理；他的理想扎根于现实；他是法国第一位自称公民的人，这是他的荣誉；卢梭身上凝聚着公民的情感。而伏尔泰的身上凝聚着普世的情感。我们可以说，在思想如此丰饶的18世纪，卢梭代表了人民，而伏尔泰则更加广博，他代表了人。这些伟大的作家已经谢世，但是，他们把大革命留给了我们，这是他们的灵魂。

是的，他们的灵魂就是法国大革命。他们造就了大革命，在这个美好的和受人祝福的灾难中，处处可见他们的身影。大革命终结了过去，开启了未来。大革命是透明的，透过原因，可以看到结果，透过前景，后景也会隐现。我们看到狄德罗之后是丹东，卢梭之后是罗伯斯庇尔，伏尔泰之后是米拉波。是他们造就了后来的一代。

先生们，用人名概括时代，命名世纪，这种情况恐怕只会在三个国家发生：希腊、意大利和法兰西。人们说伯里克利[1]的世纪，奥古斯都[2]的世纪，利奥十世[3]的世

1 伯里克利（Périclès，约公元前495-公元前429），古希腊政治家，促进了雅典经济、政治、军事和文化的繁荣。——译者注

2 奥古斯都（Auguste，公元前63-公元14），罗马帝国的第一位皇帝，统治罗马长达40年。他所采取的一系列顺乎形势的内外政策，开创了相对安定的政治局面，为帝国初期的繁荣打下了基础。——译者注

3 利奥十世（Léon X，1475-1523），文艺复兴时期最后一位教皇，在位时间1513-1521，是教皇谱系上的第219位教皇，被称为“智慧之神”。——译者注

纪，路易十四[1]的世纪，伏尔泰的世纪。这是希腊、意大利和法兰西特有的现象，只有这些国家享有以人名来命名时代的特权，这是文明的最高标志。在伏尔泰之前，只有以国家领袖的名字来命名时代的先例；伏尔泰比国家领袖更重要，他是思想的领袖，他开启了一个新纪元。我们感到，从今以后人类最高的统治权力将属于思想。过去文明曾服从武力，以后文明将服从思想。权仗和刀剑已经折断，光明将取而代之，换言之，权威将被自由取代。法律是人民的最高权力，良心是个人的最高权力。对于我们每个人来说，在两个方面清楚地显示了时代的进步，这就是：做一个人，我们要行使自己的权利；做一个公民，我们要恪尽义务。

伏尔泰的世纪，这就是这句话的意义所在；法国大革命，这就是这一庄严的事件的意义所在。

18 世纪之前的两个世纪已经为此做了准备，拉伯雷在《巨人传》中警告过王权，莫里哀在《伪君子》里告诫过教会。对武力的憎恨和对权利的尊敬在这两位杰出作家的精神世界中清晰可见。

“武力胜过权利”，这是中世纪的思想，如果今天还有人这么说，那他便落后于时代三百年了。

1　路易十四（Louis XIV，1638-1715），法国波旁王朝国王之一，自号“太阳王”，在位72年，建立了中央集权的君主制。——译者注先生们，19世纪颂扬18世纪。18世纪提出建议，19世纪给出结论。我最后要说的话将平静而坚定地见证进步。

时代逐个走来。权利找到了属于自己的公式：人类的联盟。

今天，武力被视为暴力，并开始受到审判，战争被告上法庭；文明接受人类的诉讼，对案件进行预审，为征服者和统帅们建立庞大的罪行案宗。历史作为证人已被传唤出庭。事实逐渐显露，虚假烟消云散。在许多情况下，英雄人物就是各种各样的杀人犯。各国人民终于懂得，加倍的罪行只能加重罪行；如果杀人是罪行，杀很多人不可能成为减刑的理由；如果说偷盗是可耻的行为，那么侵略不可能会变得光荣；赞美诗对光荣不起任何作用；懂得杀人就是杀人，流血就是流血，不管叫恺撒还是拿破仑都无济于事；懂得在永恒的上帝的眼中，不会因为一个人没有戴苦役犯的帽子，而是头顶皇冠就改变了他杀人凶手的形象。

啊！让我们来宣布真正的真理，让我们以战争为耻。世界上绝没有血淋淋的光荣。制造尸体绝非好事，并且毫无意义。生命不能为死亡耕耘。母亲们啊，战争这个窃贼不能再继续偷窃你们的孩子。妇女们在痛苦中分娩，男人出生，各国人们辛勤劳作，农民给田野施肥，工人使城市富饶，思想家沉思，工业产生奇观，天才创造奇迹，人类面对星光灿烂的天空，努力创造。这一切难道是为了把世界变成战场！不！

真正的战场就在这儿。巴黎就在此刻向世界展示这一人类劳动杰作的聚会。

真正的胜利，是巴黎的胜利。

哎！我们不能自欺欺人。虽然眼前的一切确实值得我们钦佩和尊敬，然而令人难过的一面依然存在。地平线上仍然漂浮着一团团黑雾；各国人民的悲剧并没有结束；战争，可恶的战争依然存在，它放肆地抬着头颅，穿过这个和平庄严的盛会。两年来，君主们顽固地坚持自己愚蠢的行为，他们的纷争阻碍着我们的和谐，让我们看到民意和统治者的愿望之间有多大的反差！

说起这种反差，我们可以再谈谈伏尔泰。面对岌岌可危的事态，我们比任何时候都更需要和平。让我们转身回望这位伟大的死者，这位伟大的生者，这个伟大的精神。让我们在这令人肃然起敬的墓前鞠躬。让我们向这个人讨教，他那对人类做出重大贡献的生命在一百年前已经熄灭，但他的作品是不朽的。让我们向其他伟大的思想家讨教，向这些光荣的伏尔泰的助手们讨教，向让·雅克·卢梭、向狄德罗、向孟德斯鸠讨教。借这些伟人的声音制止人类流血。够了！够了！暴君们。啊！野蛮还在，好吧，让哲学抗议。刀剑猖狂，让文明愤然而起。让 18 世纪来拯救 19 世纪。我们的先驱者，哲学家们是真理的使徒，让我们祈求这些杰出的亡灵；让他们面对幻想战争的君主政体，公开宣布人的生命权，信仰的自由权，理性的最高权威，劳动的神圣，和平的仁慈。既然黑夜出自王座，就让光明走出坟墓！

(周瑛　译，陈力川　校)

费奥多尔·米哈伊洛维奇·陀思妥耶夫斯基
Fyodor Mikhailovich Dostoevsky

1821—1881

俄国作家，生于莫斯科，父亲曾是一名军医。陀思妥耶夫斯基少年时爱读童话故事和民间传说，还喜欢去父亲工作的医院听在花园晒太阳的病人讲故事。青年时代开始阅读莎士比亚、歌德、狄更斯、巴尔扎克、雨果、席勒和普希金的作品。十六岁时，母亲病故，父亲将他和弟弟送到圣彼得堡军事工程学院就读，一年后父亲离世。1843年，陀思妥耶夫斯基军校毕业后，被任命为少尉，1844年辞职，将巴尔扎克的小说《欧也妮·葛朗台》译成俄文后，专心创作他的第一本小说《穷人》。小说在期刊《当代人》上连载，获好评，诗人尼卡索夫称赞他是“又一个果戈理”。1849 年，陀思妥耶夫斯基作为圣彼得堡知识分子团体彼得拉舍夫斯基小组的成员，因涉嫌参与反对沙皇尼古拉一世的活动而被捕，判处死刑。行刑前一刻改判发配西伯利亚鄂木斯克军事监狱，囚禁四年，释放后留在西伯利亚服兵役，这个时期癫痫病多次发作，他将这段人生的磨难写进《死屋手记》和其他作品。1859 年年底，陀思妥耶夫斯基获准回到圣彼得堡，1861 年发表了他的第一部长篇小说《被侮辱与被损害的人》，这一时期他还与兄长米哈伊尔创办文学期刊。1864 年因妻子玛利亚和兄长去世而染上赌瘾，负债累累，1867 年被迫游走欧洲避债。1866 年至 1880 年是陀思妥夫斯基创作的高峰期，在第二任妻子安·格·斯尼特金娜的激励和帮助下，发表长篇小说《罪与罚》《赌徒》《白痴》《群魔》《卡拉马佐夫兄弟》。虽然宗教信仰、哲学、道德、心理问题在他的作品中占据中心位置，但他不是一个说教式的作家，而是善于通过不同处境的人物的独白和对话阐述各种矛盾的观点。陀思妥耶夫斯基与托尔斯泰和屠格涅夫并称为十九世纪俄国文学的“三巨头”，其文学风格对二十世纪的作家产生了重要的影响。

1880年6月6日，普希金雕像的揭幕仪式在他的出生地莫斯科举行，这是俄国境内为文学家竖立的第一座纪念雕像。6月7日至8日，俄国文化界的西方派和斯拉夫派名流齐聚俄国语文爱好者学会举办的普希金纪念大会，屠格涅夫和陀思妥耶夫斯基应邀发表论普希金的演讲。屠格涅夫在演讲中承认普希金是俄国第一位诗人艺术家，但对于“是否应当把民族性兼世界性诗人的称号赋予普希金”心存疑虑。陀思妥耶夫斯基在演讲中将普希金的创作活动分为三个时期，用很大篇幅分析普希金的长诗《茨冈》与《叶普盖尼·奥涅金》，阐述普希金对俄国文学和俄罗斯民族的伟大意义，同时借助“普希金现象”说明俄罗斯精神的世界地位。他指出普希金在文学创作中体现了俄罗斯精神追求的世界性：“毫无疑问，俄罗斯人的使命就是全欧洲的使命，就是全世界的使命。”陀思妥耶夫斯基承认他的“这些话会显得亢奋、夸张和虚妄”，但是普希金的这一思想是一种伟大的引导。现场的听众对陀思妥耶夫斯基的演讲多次报以掌声和喝彩声，甚至出现妇女争相亲吻他的手和一位大学生在他面前昏倒的场面，而预备在他之后发言的斯拉夫派领袖伊凡·阿克萨科夫竟宣布取消自己的演讲。陀思妥耶夫斯基的这篇演讲在俄国知识界引起了持久和深刻的争论。八个月之后，陀思妥耶夫斯基病逝，三万人参加了他的葬礼。由于这篇演讲很长，我们节选的是开头和结尾两个部分。

陀思妥耶夫斯基

普希金（节选）

果戈理说过："普希金是俄罗斯精神的特殊现象，甚至是唯一的现象。"我要补充一句：他还是一个先知般的现象。是的，对于我们所有俄罗斯人来说，他的出现毫无疑问构成了一个先知般的现象。普希金恰好出现在我们正确的自我意识的生成时期，在彼得一世改革整整一个世纪之后，我们的社会中才刚刚开始出现这样的自我意识，普希金的出现就像一盏新的指路明灯，照亮了我们黑暗的路途。在这个意义上，普希金是一个预言，一个方向。我要把我们这位伟大诗人的活动划分为三个时期。我今天不是在以一个文学批评家的身份发言，关于普希金的创作活动，我只想谈一谈他对我们而言所具有的先知般的意义以及我对先知这个词的思考。但我也要顺便说明，普希金创作活动的几个时期在我看来并无明确的分界。比如，我认为，《叶普塞尼·奥涅金》的开头还属于诗人活动的第一个时期，而它的完成则在其活动的第二个时期，这时普希金已在其祖国的土地上找到了他的理想人物，并用他充满爱心的、富有洞察力的心灵完整地接受了他们，爱上了他们。人们常说，普希金在其活动的第一个时期模仿过一些欧洲诗人，比如帕尔尼、安德烈·舍尼埃等，尤其是拜伦。是的，毫无疑问，许多欧洲诗人都对普希金天赋的发展产生过巨大影响，他们的影响贯穿普希金的一生。然而，即便是普希金最初的几部长诗也不仅仅是模仿，因为那些作品中已经体现出其天赋极为独特的自主性。在模仿之作中永远不会出现这种表达苦难的自主性，这种体现自我意识的深刻性，如同普希金在《茨冈》中所表现出来的那样，这部长诗仍被我完整地列入他创作活动的第一个时期。我不必再谈论他的创造力量和冲击力，如果他只是模仿，就不会显示出这样的力量。在长诗《茨冈》的主人公阿列哥这个人物身上，就已经表达出一种强烈而又深刻的、十分地道的俄罗斯思想，这种思想后来又十分和谐完满地体现在《叶普塞尼·奥涅金》中，在这部作品里，同一位阿列哥似乎已不再现身于幻想世界，而变成一个十分真切的、可以理解的形象。在阿列哥身上，普希金已经找到，并天才地描绘出了祖国土地上这种不幸的浪子，他是具有历史意义的俄国受难者，在我们这个脱离人民的社会中，他的出现具有历史必然性。普希金找到了这样一个形象，他当然不仅仅是在拜伦那里找到的。这个典型人物是真实的，准确无误的，是常在的，是在我们俄罗斯大地上长久居住的。这些无家可归的俄罗斯浪子至今仍在继续他们的流浪，似乎很久都不会淡出人们的视野。如果说当今他们已不再前往茨冈人的营地，在茨冈人野性、独特的生活中寻求他们的世界理想，在自然的怀抱中寻求慰藉，以逃离我们俄罗斯知识分子圈充满悖论的荒谬生活，那么，他们还是要迷恋阿列哥时代尚未出现的社会主义，满怀信仰走向另一片田地，在那里勤奋劳作，像阿列哥一样相信，借助幻想般的劳作能够实现其目的，不仅能谋得自我的幸福，而且还能谋得普世的幸福。因为，俄罗斯的浪子所需要的正是普世的幸福，只有这样他们才能感到宽慰，他们不愿降低标准，当然，这仅仅是理论上的假设。

…………

是的，我要肯定地说，没有一个诗人像普希金一样具有如此强大的呼应世界的能力。问题不仅仅在于这种呼应能力，而且还在于这种呼应能力惊人的深度，还在于他能把自己的精神投射到其他民族的精神中，这种投射近乎完美，因此是神奇的，因为无论在哪里，无论在全世界哪位诗人的身上，都不曾出现这样的现象。只有在普希金这里才出现这一现象，在这个意义上，我再重复一遍，他是一个前所未有的现象，在我们看来，是一个先知般的现象，因为……这里最充分地体现了俄罗斯的民族力量，体现了他的诗歌的人民性。这种继续发展的人民性，这种在当下的我们中孕育的未来的人民性，获得了先知般的体现。因为，俄罗斯人民性体现的精神力量，不就是它对作为终极目标的世界性和人类性的追求吗？普希金在成为一位地道的人民诗人之后，一经触及人民的力量，便迅即预感到这一力量崇高的未来使命。于是，他成了一个预言者；于是，他成了一位先知。

事实上，不仅是在将来，而且在过去已经发生、已经呈现在我们眼前的这一切之中，彼得的改革对于我们来说究竟是什么呢？这场改革对于我们来说究竟意味着什么呢？对于我们来说，它不仅仅是换上欧洲的服装，学会欧洲的风俗，掌握欧洲的发明和科学。我们来考虑一下这是怎么回事，我们来更仔细地看一看。是的，非常有可能，最初彼得大帝仅仅在这个意义上开始了改革，也就是说，是急功近利的，但是后来，他发展了他的理想。彼得大帝无疑遵从了某种隐秘的嗅觉，这种嗅觉引导他，让他身体力行，奔向未来的目标，这些目标无疑比急功近利宏大得多。俄罗斯人民接受改革，也并非仅仅出于急功近利，他们无疑凭借预感已经觉察到了某种未来的、远比急功近利更为崇高的目标，当然，我要重申一遍，他们感觉到这一目标仍然是不自觉的，不过却是直接的，完全来自生活体验。我们当时是在孤注一掷地奔向最具活力的联合，全人类的联合！我们把其他民族的天才纳入我们的心灵，不带敌意（原本似乎会带有敌意），而是带着友善，满怀爱意，接纳他们全体，不制造重大的种族纷争，善于本能地、几乎从第一步起就区分并消除各种矛盾，宽容并调和各种分歧，借此表达我们的意愿和倾向。我们刚刚向我们自己宣布并说明了这一意愿和倾向，也就是全人类的联合，要与伟大的雅利安人种各民族联合起来。是的，毫无疑问，俄罗斯人的使命就是全欧洲的使命，就是全世界的使命。做一个真正的俄罗斯人，做一个彻底的俄罗斯人，或许就意味着只能去做（你们归根结底要注意到这一点），去做所有人的兄弟，做一个世界人，如果我可以这样说的话。唉，我们的斯拉夫派[1]和西方派[2]都只是我们的一种巨大误解，虽说这种误解具有一种历史必然性。对于一

1 斯拉夫派是俄国十九世纪40~50年代在与西方派的思想论战中产生的一种社会思潮，他们受黑格尔历史哲学的影响，认为每一个民族都具有其独特性，俄国应该从东正教和村社的独特历史中寻找适合自己的发展道路，不能盲目追随西方，因此他们否定彼得一世移植欧洲制度的改革，主张维护沙皇制度，但须废除农奴制，发展俄罗斯人民固有的温顺和虔诚的道德品质。——编者注

2 西方派是与斯拉夫派相对立的一种思想流派，他们否定俄罗斯的历史遗产，认同西方的价值和文化，主张俄国走西欧的资本主义道路，因此高度评价彼得一世改革的进步意义，认为君主立宪下的议会制才是国家政体的理想形式。西方派也是农奴制的反对者，主张解放农民。西方派与斯拉夫派在俄国社会发展道路上的争论对此后数十年的俄国社会思潮产生了深刻的影响。——编者注

位真正的俄罗斯人来说，欧洲和整个伟大的雅利安种族的命运也像俄罗斯自身一样珍贵，也像自己的故土一样珍贵，因为我们的命运就是世界性，这种世界性不是用刀剑夺取的，而是用友爱的力量赢得的，用我们欲联合人类的友善愿望赢得的。如果你们愿意仔细研究一下彼得改革后我们的历史，你们就能在我们与欧洲其他种族独特的交往方式中，甚至在我们国家的政治中，发现我的这一思想，这种希冀的某些痕迹和标记。因为，在这整整两个世纪的时间里，俄罗斯对于欧洲的效力似乎大大超过对她自身的服务，除此之外俄罗斯在其政治中又有何作为呢？我不认为，这一切的发生仅仅是由于我国政治家们的无能。唉，欧洲各族人民的确不知道，他们对我们而言是多么珍贵！最后，我相信，我们，也就是说当然不是我们，而是将来的俄罗斯人，他们将不约而同地明白，做一个真正的俄罗斯人，意味着最终要把和解带入欧洲的各种矛盾，以具有全人类性的、能联合一切的俄罗斯心灵，为欧洲的苦闷指明出路，怀着博爱把所有的兄弟置入俄罗斯的心灵，最后，或许能够说出崇高的共同和谐的最终话语，能够说出遵循基督福音教义的所有种族最终兄弟般和睦的话语！我知道，我十分清楚地知道，我的这些话会显得亢奋、夸张和虚妄。就算是这样的吧，但我绝不后悔我说了这些话。这些话必须说出来，尤其是在此刻，在我们这个盛大的节日，在纪念我们这位伟大天才的时候，这位天才以其艺术的力量所体现的正是这一思想。这一思想已被不止一次地表达，我的话一点儿也不新鲜。主要的问题是，这一切会显得过于自负，有人会说："我们这贫瘠的，我们这粗鄙的土地真的会担负这样的命运吗？我们注定要为人类说出新的话语吗？"这有什么？我谈的难道是经济方面的荣耀吗？我谈的难道是刀剑或科学的荣耀吗？我谈的只是人类的仁爱，我谈的只是，在所有民族中，俄罗斯的心灵或许最能胜任全世界的、全人类的兄弟般的团结一致。我看到了这样的迹象，在我们的历史里，在我们的天才人物身上，在普希金的艺术天赋之中。就让我们的土地贫瘠好了，但基督"曾以谦卑的姿势走遍"这贫瘠的土地，并为它祝福[1]。我们为什么不能接纳基督最后的话语呢？他自己不也是在马槽里诞生的吗？我再重申一遍，至少，我们已经可以指出普希金，指出他的天赋的世界性和人类性。要知道，他可以在他的心灵中容纳其他民族的天才，一如容纳自己民族的天才。在艺术中，至少是在文学创作中，毫无疑问他已体现出俄罗斯精神追求的世界性，这已经是一种伟大的引导。如果说我们

1　语出丘特切夫于1855年所写《这些贫穷的村庄》一诗的最后一节："我亲爱的土地，背负十字架重负，天上的主用谦卑的姿势走遍你，不停祝福。"——译者注

的这一想法是一种幻想，那么至少在普希金那里，这一幻想已经找到支持。如果他能活得更久一些，他或许能显示出俄罗斯心灵不朽的、崇高的形象，我们的欧洲兄弟们对这些形象已有所了解，他或许能把欧洲兄弟吸引到我们身边来，人数比现在更多，距离比现在更近，他或许来得及向他们解释我们的追求所包含的一切真理，他们或许比现在更理解我们，能对我们做出预判，不再像现在这样疑惑地、傲慢地打量着我们。普希金如果能活得更久一些，我们之间的误解和争端或许会比现在更少一些。但上帝做出了另一种裁决，普希金死在他年富力强的时候，他无疑把某个伟大的秘密带入了坟墓。此刻我们在他缺席的情况下，正试图破解这个秘密。

（刘文飞　译）

威廉·福克纳
William Faulkner

1897—1962

美国小说家、诗人、剧作家。福克纳出生于密西西比州新奥尔巴尼的一个没落的庄园主家庭。他五岁时随家人迁居牛津，十岁开始阅读莎士比亚、狄更斯、巴尔扎克、康拉德的作品。1918 年，假冒英国人报名加入英国皇家空军，但未正式参战。1919 年，作为特殊学生进密西西比大学就读，一年后离开学校。1925 年，第一次游历欧洲，访问了巴黎和伦敦，年底出版首部长篇小说《士兵的报酬》。1929 年，出版代表作《喧哗与骚动》，受到评论界好评。1930 年出版《我弥留之际》和《圣殿》，被视为美国意识流小说的代表作。二十世纪三四十年代曾为好莱坞写电影剧本纾困，颇受欢迎。1941 年，发表著名短篇小说《熊》，对美国文坛产生重要影响，被誉为“解读福克纳全部小说乃至美国南方文学的钥匙”。福克纳创作生涯长达四十多年，共写了十九部长篇小说和七十多篇短篇小说。1950 年，因“对当代美国小说做出了强有力的和艺术上无与伦比的贡献”，获得上一年度的诺贝尔文学奖。1951 年，福克纳短篇小说集获得美国国家图书奖。1954 年，他的著名小说《寓言》获得普利策小说奖。1959 年 1 月，剧本《修女安魂曲》在纽约首演。1962 年 7 月 6 日凌晨，福克纳突发心脏病去世。一年后，他的最后一部小说《掠夺者》再次获得普利策奖。

1950年11月，福克纳在与加缪、莫里亚克、帕斯捷尔纳克、斯坦贝克和海明威的角逐中赢得1949年的诺贝尔文学奖，后来这几位竞争者也都成为诺贝尔文学奖得主。福克纳的获奖词是诺贝尔文学奖历史上最简短，也是最著名的演说之一。福克纳说他的写作动机是“从人类精神的素材中创造出某种前所未有的东西”。他提醒作家要“永远忘记恐惧”。人之不朽“在于他拥有一个灵魂，一个能够同情、牺牲和忍耐的精神。诗人和作家的责任就是把这些写出来”。福克纳的基本思想来自基督教人道主义，他多次在不同场合说过“我愿意属于的流派是人道主义流派”，“一个人必须属于人类大家庭，并且在人类大家庭里尽自己的责任”。他的作品多以美国南方历史为背景，揭示了现代人的异化和孤独，主张宽容、理解、同情和人类平等。福克纳用他的诺贝尔奖奖金的一部分设立了“福克纳小说奖”，用以鼓励和支持年轻作家；另一部分奖金捐给密西西比的牛津银行，设立一个奖学金，用以帮助当地的非洲裔美国教师。

福克纳

接受诺贝尔文学奖的演说

我觉得这个奖项不是颁给我这个人，而是颁给我的创作——毕生呕心沥血从事的有关人类精神的创作，不为名，更不为利，而是为了从人类精神的素材中创作出某种前所未有的东西。所以这个奖项只是托我保管。为了这笔奖金发表一篇符合奖项的初衷和意义的获奖词并不困难。但是我也想利用这个巅峰时刻，让那些献身于同一艰苦劳作的年轻人听到我的声音，他们当中必定有人将在某一天站到我现在的位置上。

我们今天的悲剧是一种普遍存在的身体的恐惧，长久以来，我们甚至对这一恐惧有了忍耐力。精神的问题不存在了，只剩下一个问题：我什么时候会被炸死？

正因如此，今天从事写作的男女青年忘记了人类心灵的自我冲突的问题，只有这些问题才能产生优秀的作品，因为这是唯一值得写，值得呕心沥血去写的问题。他必须重新认识它们。他必须让自己明白世间最卑劣的事情莫过于恐惧，并且告诉自己，永远忘记恐惧，绝不在工作室给古老的真理和心灵的真实之外的任何东西留下容身之地，没有这些普遍的真理，任何故事都只能是短命的，失败的，这些真理就是爱情、荣誉、怜悯、尊严、同情和牺牲。如果不这样做，他的努力就摆脱不了被诅咒的厄运。

如果他写的不是爱情，而是情欲，那么失败不使人失去任何可贵的东西，胜利没有希望，最糟的是，也没有怜悯和同情。他的悲伤不是为普遍的死亡，不会留下任何伤痕。他写的不是心灵，而是器官。

在他重新认识这些事情之前，他写作时就像站在人群中目睹人类的末日。我拒绝接受人类的末日。说人类会因为忍耐而不朽很容易：在最后一个血色的濒死之夜，当毁灭的最后的钟声敲响，并从伫立在平静之海的最后一块礁石上消失，即使到了那时仍将有一个声音响起——人类微弱的声音，仍在不停地诉说。我拒绝接受这种说法。我相信人类不只是忍耐，他还将获胜。他之不朽不是因为在所有生物中唯独他拥有不可断绝的声音，而在于他拥有一个灵魂，一个能够同情、牺牲和忍耐的精神。诗人和作家的责任就是把这些写出来。他的特权就是通过升华人类的心灵，让人类重新想起他们过去的光荣：勇气、荣誉、希望、尊严、同情、怜悯和牺牲。诗人的声音不应只是人类的记录，它可以成为帮助人类续存和获得胜利的支柱和栋梁。

（吴冬月　译，陈力川　校）

阿尔贝·加缪

Albert Camus

1913—1960

法国小说家、戏剧家、记者，生于阿尔及利亚的一个法国家庭，父亲在1914年大战中阵亡，加缪随母亲和外祖母在阿尔及尔贫民区度过艰辛的童年，在他的小学启蒙老师路易·热尔曼的影响下，开始阅读文学作品，靠奖学金读完中学，半工半读念完大学，获哲学学士。加缪年轻时爱好足球，一度被认为是颇有前途的门将，后因患肺结核放弃足球生涯。1935年开始在阿尔及尔从事戏剧活动，1937年担任《阿尔及尔共和报》的记者，1940年到巴黎，担任《巴黎晚报》编辑部秘书。同年德军占领法国，加缪参加地下刊物《战斗报》组织的抵抗运动，并于1944年担任《战斗报》主编。1942年，发表中篇小说《局外人》和哲学随笔《西西弗神话》，蜚声文坛。1945

年，戏剧《卡里古拉》首演。1947年发表小说《鼠疫》，获法国批评奖。二战后，加缪以持人道主义立场的独立作家著称，既反对希腊处死共产党员，又抗议苏联镇压布达佩斯起义。1949年，剧作《正义者》首演。1951年，发表哲学论著《反抗者》，与存在主义哲学家萨特展开论战。1956年，发表中篇小说《堕落》，1957年，发表短篇小说集《流放与王国》。为奖励加缪的全部作品，瑞典文学院于1957年授予他诺贝尔文学奖，这是迄今为止法国获此殊荣的最年轻的作家。1960年1月4日，加缪不幸死于车祸，年仅四十七岁。

1957 年，诺贝尔文学奖给加缪的颁奖词说：“他作为一个艺术家和道德家，通过一个存在主义者对世界荒诞性的透视，形象地体现了现代人的道德良知，戏剧性地表现了自由、正义和死亡等有关人类存在的最基本的问题。”加缪在这篇获奖演说中表示，作家的任务是为真理和自由服务，作家的立场是与社会和被压迫者站在一起，承载与他们共同的不幸和希望；作家这一职业的高贵性植根于两个难以坚守的承诺——拒绝知情而说谎和反抗压迫。他将这一荣誉转赠在世界各地为真理和自由拼搏的人，并将这篇演讲献给他的小学启蒙老师路易·热尔曼。

加缪

接受诺贝尔文学奖的演说

在有幸接受你们自由的学院授予我这项荣誉之际，我的感激之情因这一奖赏在很大程度上超出我个人的成就而更显深切。每一个人，尤其是艺术家，都希望得到承认。我也不例外。但是，在获悉你们决定的时候，我不能不将其反响与真实的我加以比较。一个尚属年轻，满怀疑惑，其作品尚未完成，习惯在工作的孤独中生活，或隐居在友情之中的人，一下子听到这个决定，置身于闪光灯之下，单独面对自己，怎能不感到惶恐呢？当在欧洲，另一些作家，其中不乏最伟大的作家，被迫沉默，而他自己的家乡也是灾难连连的时候，他能怀着怎样的心情接受这项荣誉呢？

我经历了这一惶恐和内心的不安。为了找回平静，我不得不与一种过于慷慨的命运和解。既然我不能凭借我仅有的成就与之相称，因此除了在我一生身处逆境的时候一直支持我的信念之外，任何其他东西都帮不了我的忙：这就是我对我的艺术和作家角色的看法。请允许我怀着感激和友好之情，并以尽可能简单的方式把我的这一看法告诉诸位。

我个人不能没有艺术而生活。但是，我从未将艺术置于一切之上。如果说艺术对我是必须的，那是因为她离不开任何人，并且允许我生活在所有人的水平上。在我看来，艺术不是一种孤独的享乐。她是一种通过展现共同的痛苦和欢乐的画面感动最多人的手段。因此，她要求艺术家不能离群索居，她使艺术家服从于最朴实和最普遍的真理。通常由于感到自己与众不同而选择艺术家命运的人，很快就会明白，他只有承认与众人的相似性才能培养他的艺术和他的差异。艺术家在不断往来于自己和他人的路上自我锤炼，一头是他不能割舍的美，另一头是他无法脱离的群体。这就是真正的艺术家什么都不鄙视的原因；他们要求自己理解，而不是评判。倘若他们需要在这个世界上采取某种立场，那只能是与社会站在一起，正如尼采的名言所说，在这个社会占主导地位的不再是法官，而是创造者，无论他是劳动者，还是知识人。

同时，作家对艰苦的任务义不容辞。在这个意义上，今天他不能为创造历史的人服务，而要为忍受历史的人服务。否则，他就是一个失去了艺术的孤立者。有数百万之众的专制大军也无法让作家摆脱孤独，即使他同意跟着他们走也无济于事。然而，一个在世界的另一端忍受凌辱的无名囚犯的沉默却足以使作家结束流放，至少使他在自由的特权中不至于忘记这一沉默，并通过艺术手段引起反响。

我们当中没有人伟大到足以承担这一天职。但是无论其生活状况如何，默默无闻，还是名噪一时，处于专制的奴役下，还是享有言论自由，只要他尽可能地接受造就其伟大职业的两项任务，即为真理和自由服务，作家就可以找到一个充满活力的共同体的归属感。既然他的天职是集合尽可能多的人，他就不能与谎言和奴役为伍，因为谎言和奴役横行的地方必然滋生孤寂。无论我们个人有何种缺陷，我们职业的高贵性永远植根于两个难以坚守的承诺——拒绝知情而说谎和反抗压迫。

在过去二十多年的疯狂历史中，就像所有同龄人一样，我对时代的变乱感到茫然无助，然而有一种隐约的感觉支持着我：在今天，写作是一种荣誉，因为这个行为要求承担义务，而且不只是承担写作的义务。它尤其要求我，按照我的处境和能力，与所有经历过相同历史的人，承载我们共同的不幸和希望。这些出生于第一次世界大战伊始的人，当希特勒政权和第一波革命审判[1]同时登场的时候，他们刚好二十岁，其后，为了完善他们所受的教育，他们经历了西班牙内战、第二次世界大战、集中营、酷刑和监禁的欧洲，而今天，又在一个受

1　革命审判，即莫斯科审判，指1936—1938年由斯大林主导的“苏联肃反运动”时期的一系列政治审判。——译者注

到核威胁的世界，生儿育女和从事写作。我想，没有人能要求他们乐观。我甚至认为，我们应当理解那些由于过度绝望，将不名誉视为情有可原，或涌向时代虚无主义的人的错误，但要与他们做不间断的斗争。在我的国家和欧洲，我们中的大多数人都摒弃这种虚无主义，并努力寻找一种正当性。为了获得重生，他们必须锤炼一种在灾难时代的生存艺术，并与正在我们历史中起作用的死亡本能做公开的斗争。

每一代人都相信他们有重建世界的使命。我这一代人深知他们不会重建世界，但是他们的任务可能更加艰巨。这个任务是阻止世界自我毁灭。我们这一代人是腐朽历史的继承者，在这段历史中混杂着堕落的革命，疯狂的技术，死去的诸神，以及奄奄一息的意识形态。今天，平庸的权力可以摧毁一切，但却无法令人信服，聪明才智沦为仇恨和压迫的仆人，这一代人不得不在他们自身和周围，从自我否定出发，少许恢复生命和死亡的尊严。在一个面临分崩离析的世界，我们那些大法官冒着永久建立死亡之国的风险，而我们这代人知道，在与时间的疯狂赛跑中，他们应当恢复各民族之间没有奴役的和平，使劳动和文化重新和解，并与所有人一起重建和约之舟。这代人能否完成这项巨大的任务还不确定，但可以确定的是，他们在世界各地会为真理和自由拼搏，必要的时候为之献身也在所不惜。这代人无论身处何地都值得致敬和鼓励，尤其是在他们自我牺牲的地方。无论如何，我想把你们授予我的荣誉转赠这一代人，我相信你们会由衷地赞成。

在陈述了作家职业的高贵性之后，我应该将作家重新放在他真正的位置上，除了与自己共同奋斗的伙伴分享的称号之外，他没有其他头衔，他易受伤害，但坚持不懈，虽不能公正不阿，但渴望正义，在众人的瞩目下，不卑不亢地构建自己的作品，永远徘徊于痛苦和美之间，试图在历史的破坏活动中，从他双重的存在出发顽强地提取他的创造。至此，谁还能期待他提供现成的解决办法和美丽的道德呢？真理是神秘的，稍纵即逝，永远需要征服。自由是危险的，既激动人心，又难以相处。我们应该朝这两个目标前进，虽艰难，但坚定不移，我们事先知道，在这条漫长的道路上，挫折在所难免。此后，哪一个作家还敢心安理得地高谈阔论美德？至于我，必须再说一次，我肯定不是这样的人。我从未曾放弃光明、存在的幸福和伴随我成长的自由生活。尽管这种怀旧感可以解释我的许多错误，但无疑也帮助我更好地了解我的职业，帮助我不假思索地站在所有沉默的人一边，他们之所以还能忍受在这个世界上所过的生活，只因为还能回忆那短暂而自由的幸福时光。

恢复我本来的面目，回到我的局限和我欠的债，回到我难以为继的信仰，在结束讲话的时候，我觉得可以更少拘束地向诸位说明你们方才授予我的这项荣誉的慷慨大度，也更少拘束地告诉诸位我愿意接受这项荣誉，以便向所有参加了同一场战斗，却没有得到任何优待，反而遭遇不幸和迫害的人表达敬意。我也要对诸位表示由衷的感谢，作为我个人谢忱的证明，我要公开向你们许下每一个真正的艺术家，每天默默对自己重复的古老诺言，那就是忠实。

（陈力川　译）

教育篇

马库斯·图留斯·西塞罗

Marcus Tullius Cicero

前106—前43

古罗马律师、演说家、修辞学家、政治家、哲学家，出身于骑士阶级。年轻时曾在罗马、希腊、小亚细亚学习文学、法律、哲学和演讲术，被公认为罗马共和时代最好的演说家，后投身政治，公元前63年当选为执政官，主要政绩是挫败了喀提林企图推翻罗马共和国的阴谋，但未经审判处死喀提林的同谋者致使西塞罗卸任后因践踏国家法律的罪名被流放。公元前60年，恺撒、庞培、克拉苏结成前三头同盟，西塞罗认为寡头政治有悖于共和体制，拒绝合作，第二次被放逐。恺撒被刺杀后，西塞罗重返元老院，后因严厉批评后三头同盟之一的安东尼，被刺杀。西塞罗著有大量哲学、修辞学著作和演说词，其政治思想对洛克、休谟、孟德斯鸠等后世的哲学家产生过重要影响。

西塞罗年轻时曾拜希腊诗人阿尔基亚为师，学习荷马史诗，并十分崇仰老师的诗歌才华。公元前62年，阿尔基亚的公民权受到质疑，西塞罗自愿担任其辩护律师。当时，西塞罗卸任执政官不久，因粉碎喀提林推翻共和国的阴谋而声誉卓著，被元老院授予“国父”的尊号。西塞罗的这篇辩护词有两个重点。一是从法律的角度论证阿尔基亚曾经在与罗马签订条约的希腊城邦赫拉克利亚登记为公民，并获得投票权。在罗马生活期间，也曾向执政官昆图斯·麦特鲁斯报到，没有理由将其排除在公民登记之外。二是从文学的角度，说明诗歌创作是一种纯粹的精神活动，诗人“是神仁慈地赐给我们凡人的礼物”，我们应当对他们抱有同情和崇敬之心。由于篇幅的关系，我们节选的是与第二点相关的内容。

西塞罗

为诗人阿尔基亚辩护（节选）

一切文学、哲学、历史，都在激励人们高尚的行为，而在这些文献的光芒照耀不到的地方，这种激励会被埋葬在黑暗之中。我们继承和引用希腊罗马的伟大作家为我们描绘的种种图景，它们不仅可供我们沉思，而且可供我们效仿！在我的整个公共生涯中，这些榜样一直在我眼前出现，启发我的大脑进行思考，引导我的心灵追求卓越。

反对者会问："这些伟大人物把他们的美德融入文字，但他们自身熟悉你们用这些溢美之词描述的事情吗？"要明确回答这个问题是困难的，不过我已经有了现成的答案。许多人无疑具有卓越的禀赋和品性，但没有任何文化的滋养，他们仅凭上苍在他们心灵上的启示约束自己，坚忍不拔；我甚至可以说，拥有天赋而没有接受教育的人通常比那些接受教育而无天赋的人更能获得荣耀和美德。与此同时，我确实又得断言：要是有了优良和高尚的品性，再辅以具体学习所产生的创造性影响，其结果通常是难以想象、无与伦比的卓越。我们的前辈在神圣的西庇阿·阿非利加努斯[1]身上看到了这种品性；在盖乌斯·莱利乌斯[2]和卢西乌斯·富里乌斯[3]身上看到了刚毅和自制，他们是这方面的典范；在马库斯·加图[4]身上看到了勇敢和德高望重，他是他那个时代最完善的人。他们本人肯定从来没有热衷于文学，但这样说并不等于他们对评价和追寻美德没有任何意义。

不过，从现在开始，让我们把研究文学的确定好处放在一边，假定娱乐才是阅读文学作品的唯一目的；然而，即便如此，我想你也会认为没有其他精神活动能比阅读文学作品更容易通向怜悯，或者更有启发地通向理智。其他事业在各个时代和各种条件下都是存在的，但只有这种追求会在青年时代激励我们，在老年时代娱乐我们；它给成功者增添胜利的喜悦，给失败者提供深切的安慰。它在家里提供快乐，在世上也不会成为累赘。在我们通宵达旦守夜的时候，在我们漫长的旅途中，它是我们忠实的伴侣。哪怕我们自己没有什么文学嗜好或我们躲在乡间休闲的时候没有取得什么文学成就，我们

1 西庇阿·阿非利加努斯（Scipio Africanus，约前185—129），罗马将军、政治家，第三次布匿战争的罗马统帅。——译者注

2 盖乌斯·莱利乌斯（Gaius Laelius，约公元前235—前160年），罗马将军、政治家，公元前190年任罗马执政官。——译者注

3 卢西乌斯·富里乌斯（Lucius Furius），罗马保民官，公元前387年罗马遭受入侵时拯救罗马，生卒年不详。——译者注

4 马库斯·加图（Marcus Cato，公元前234—前149年），罗马政治家，主张消灭迦太基。——译者注

也要敬重它在其他人身上的显现，我们有义务这样做。

我们中间有谁如此粗野或者麻木不仁，连洛司基乌斯[1]最近去世也不能激起他内心深切的悲哀？洛司基乌斯死于年迈，但是我们全都感到，像他这样优秀的艺术家应当得到豁免，摆脱我们凡人死亡的命运。仅靠优雅的形体动作，他就赢得了所有人的心，我们又怎能对他的灵魂运作和天才表演无动于衷呢？

先生们，我假定你们对我是仁慈的，因为哪怕我在讲这些与习惯不合的离题话，我看到你们仍旧十分专注。我经常看到我的朋友阿尔基亚[2]事先不写一个字，但却能十分娴熟地即兴创作大量优秀的诗歌！我经常看到他用全新的语句重新叙述老问题！他的成熟作品堪与古代伟大作家的作品相媲美。这样的人难道不值得我同情和崇敬吗？我难道不应当竭尽全力为他辩护，并以此为己任吗？

我们把诗人当作最高明、最博学的权威，而其他技艺只不过是一些知识、公式和技术。诗歌创作全凭天赋，是一种受激励的、纯粹的精神活动，有一种奇特的、超自然的力量依附在诗人身上。所以我们伟大的恩

1　洛司基乌斯（Roscius），2世纪下半叶罗马文人，著名的西庇阿文人圈的领袖，在罗马努力推动希腊文化的传播。——译者注

2　阿尔基亚（Archia），诗人，公元前62年，他的公民权遭到诘难，西塞罗为他辩护。——译者注

尼乌斯[1]把诗人称作“神圣的”，这样说是对的，因为他们似乎是神仁慈地赐给我们凡人的礼物。

先生们，要让诗人的名字显现在你们明亮的眸子里，而不要冒犯、亵渎他们！旷野里的磐石都会对声音发出同情的和声，野兽有时候也会着迷于美妙的歌声，所以，我们这些受到美妙诗歌的最高艺术滋养的人难道会麻木不仁吗？科罗封[2]断言荷马[3]是她的公民，开俄斯[4]宣称荷马是她的公民，萨拉米[5]冒称荷马是她的公民，士每拿[6]则极为自信地说荷马属于她，还在镇上为荷马建了一座神龛。其他还有许多城邦参与这场激烈的争论，认为荷马属于自己。仅仅因为荷马是一名诗人，这些地方在荷马死后，都想把曾经一度是外邦人的荷马说成是自己城邦的人；所以，按照爱好，阿尔基亚是一名诗人，按照法律，他是我们的公民，难道我们应当谴责这样一位诗人吗？

（王晓朝　译）

1　恩尼乌斯（Ennius），罗马诗歌之父，出生于公元前239年。——译者注
2　科罗封（Colophon），古希腊城邦。——译者注
3　荷马（Homer），古希腊盲诗人，约生活于公元前9—前8世纪，史诗《伊利亚特》《奥德赛》的作者。——译者注
4　开俄斯（Chios），古希腊城邦。——译者注
5　萨拉米（Salamis），古希腊城邦。——译者注
6　士每拿（Smyrna），古希腊城邦。——译者注

乔瓦尼·巴蒂斯塔·维科
Giovanni Battista Vico

1668—1744

意大利政治哲学家、美学家和历史学家。出生于那不勒斯，父亲是书商。维科小时候因摔伤，颅骨受损，学业中断，后来上过耶稣会学校，大部分时间自学，曾在一个贵族家庭担任家教，三十岁通过考试竞得那不勒斯大学的修辞学教授职位，1742 年离开学校，专心从事《新科学》第二版的修订工作，教职由他的儿子继任。从 1735 年开始，维科还担任那不勒斯国王查理三世的史官，直到去世。其代表作有《论古代意大利人民的智慧》《关于民族共同性的新科学原理》(简称《新科学》)。在《新科学》中，维科将人类的历史分为三个阶段——神的时代、英雄的时代和人的时代，这是一个从野蛮到文明，最终回到野蛮的周期性循环，也是世界诸民族所共同经历的历史过程。维科是确立人类文化观念的第一人，对后代探讨人类社会文化的起源和发展有很大的影响。他“用哲学的方式讲授哲学史”的观点奠定了历史哲学的基础。克罗齐在《美学》中将维科视为美学的奠基人。

维科于1699年通过竞选成为那不勒斯大学的修辞学教授，这个职位要求他在每年的开学典礼上发表一篇演讲。首次演讲发表于1699年10月18日。在这篇演讲中，维科引用古罗马演说家西塞罗对特尔斐阿波罗神庙箴言的诠释“认识你自己就是认识你的精神”，阐述人的精神具有种种神圣的能力：理解力、判断力、思考力、记忆力和创造力。学习的目的就是为了培养我们精神的某种神性，因为人类的神圣创造力往往受到谦卑和不自信的压抑，所以生为智慧就要去追寻智慧。“自然造出我们，就是要我们去追求真理。”维科对当时风靡欧洲的笛卡儿理性主义持批评态度，推崇古典时代的诗性智慧，但是认同笛卡儿提出的“我思故我在”这个命题，他说：“虽然人的心灵可以对一切事物进行悬疑和置疑，但却从来不能对‘我思’这件事进行怀疑，因为怀疑本身就是思维。”

维科

全面培育我们心灵的神圣能力（节选）

在为幸福生活所尊崇的许多最具智慧的箴言中，其中有一条无论从哪一方面来看，都绝对而完全地是为幸福这个目标而设，它就包含于古人在希腊特尔菲神庙用镶金字母所刻的两个词中：**Γνῶθι σεαυτόν**。（认识你自己）这条律令是如此广受称道，以至于无数人将它归之于毕达哥拉斯，许多人归之于泰勒斯，一些人归之于比亚斯，另一些人则归之于斯巴达的基罗，他们每个人无论如何去看，都可以被认为是人类智慧发展史上的高峰。但由于在这条极为简短凝练的箴言中包含了如此丰富的精美食粮，以至于上述任何极有智慧的先哲都丝毫不能与之相分离，于是所有人都一致赞同，将它归之于皮提亚神谕。但如果对这条箴言做庸俗的理解，即人们之所以想到这个问题，就是为了压制精神的虚骄和消除人类的狂妄，那么它就不会如此著名了，因为到处都有不计其数的乃至无限的关于人性脆弱和不幸的讨论。智者中的大雄辩家和雄辩家中的大智者西塞罗，他对此理解得较为深刻，他以其舌灿莲花之口揭示了这条箴言的神圣力量："人们说'认识你自己'，也就是说认识你的精神。因为肉体当然只是一个容器，或者说是精神的某种容身之所：任何出自你的精神的东西，也就是出自你。因此，所知若非具有神圣性，就不会是出自更为敏锐的心灵的教导，也就是说出自上帝的赠予。”西塞罗就足够使我们理解到，这个无比智慧的神谕所关注的是推动和引导人类去追求他们应该追求的和能够胜任的任何伟大而崇高的东西，因为人类的神圣创造力往往被过分的谦卑所打击，受到不自信的压抑，并消磨于对伟大事物的绝望之中，所以，认识你自己吧，青年学子们，生为智慧就要去追寻智慧。

你会说：“创造力的伟大动力就是从感觉中召唤心灵，从习俗中走向思想。”是的，伟大的动力的确常常意味着伟大的进步。所以聆听你自己并认识你自己吧！认识你的精神吧！如果你不欺骗自己的话，你会承认并且会发现，你的精神是如此高贵、如此伟大和如此卓越。心灵的敏锐可以洞察一切，但在关注自己本身之时却会削弱自己。仅凭此你就要认知你的精神的神圣性，理解它是至大至善的上帝的影像。就像上帝是通过一切被造物和一切包含在宇宙中的事物而被认识的一样，精神同样是通过理性——精神正是由于理性而超越万物——通过感知和活动，通过记忆和创造力，而被理解为具有神圣性的。精神是上帝最为清晰的影像，精神在肉体中犹如上帝在世界中。上帝充盈于世界之各种元素之中，精神同样也充盈于肉体之各个部分；两者都纯粹而又轻盈地运行于任何分总离合以及任何肉体物质中。虽然上帝于世界中、精神于肉体中无处不在，但又不局限于任何地方。因为虽然上帝在天上移动星辰，在空气中发出闪电，在海中刮起风暴，最后在大地上滋生万物，但天空、大海和大地都不是上帝的囿身之所：人的心灵听于耳，视于目，怒于胸，笑于脾，知于心，理解于大脑，也不在身体的任何部分有其固定之寓。上帝包含一切，控制一切，上帝之外没有任何事物存在；而精神则如萨卢斯特所说："它是人类的领袖，自身支配一切，拥有一切，而并不为谁所拥有。"上帝永远能动，精神也永远劳作。世界存活着，因为有上帝存在；但即使世界死了，上帝也仍然会存在。肉体能感知是因为精神的力量，但即使肉体消亡，精神却依然不朽。最后，完全可以说，上帝是自然的创造者，精神则是艺术的上帝。哦，精神的这种独一无二的禀赋，如果不是因为貌似于至大至善的上帝，怎么能够恰当而合理地解释呢？你一旦知道了精神的这种貌似性，也就知道了它的本性。这就是一种神圣的思想能力。哦，永恒的上帝，它的速度有多快！它的运动如风驰电掣！它的职能多方多面、无穷无尽！它又是多么的灵巧而精准！[1]但愿我的

1　宗教神学世界观，对我们的世界的一种认识。——编者注

密涅瓦女神能赐予我足够丰富的演说形式，以使你们用思想，我用言辞来捕捉精神的诸种德性！

…………

听众们，稍稍听从我的判断吧，让我们聆听哲学的声音，聆听它证明和阐释我们精神的神圣性。

虽然人的心灵可以对一切事物进行怀疑和置疑，但却从来不能对“我思”这件事进行怀疑，因为怀疑本身就是思维。他也不能不承认他自己在思维这一良知，从这种思之良知可以得出的第一个结论就是某物存在——因为如果什么也没有，那么谁在思维呢？从而他自身感知到某种无限之物的概念的固有存在，然后又可以得出结论：事物之内的所有东西应该就在于产生事物本身的原因中。这样又一次得出结论，即无限事物的观念必来自无限事物。这样，人也就承认了自己的有限和不完善，也产生了这样的结论，即他的观念诞生于某种无限之物，而他自己则是这种无限之物的某种特殊之物。由此可知：所谓无限之物在自身就容纳一切，并不从自身排除任何东西。这样又可以理解：观念本身来自至为完善的本性。这又可以推导出：至为完善者必定汇聚了所有的完善性质。然后再一次得出结论：任何事物都不能与之分割。由此可知，完善就是那存在。最后我们得出结论：这就是上帝，因为上帝就是一切，所以也就配得上一切的爱。哦，人类心灵的神奇力量，在自身内翻转自身，便引导我们达到对那最高的善亦即至大至善的上帝的认识！

但你们之中可能有人会非常惊奇，并且信誓旦旦地否认他在这个年龄（更不用说小孩儿了）通过这种所谓的理性锁链达到了对上帝的认识。达到确实是达到了，但其精神却不自知。你们之中任何人可以每天盯着画家的画，却看不到画家自己所看到的无数东西；他可以每天听着交响乐和歌曲，但受过这方面训练的专家所能领会的许多美妙却自他的耳边溜走。这是怎么回事？为什么呢？因为他没有运用视觉艺术和听觉艺术，即绘画和音乐。你们之中任何人自孩提时代就有着伟大哲学家的表征，但由于他缺乏哲学，所以他一点儿也察觉不出来。那些为自己赢得了人类永恒盛誉的哲学家、历史学家、演说家和诗人们，他们并不是因为别的原因而备受称赞，而只是因为他们能够比别人更为正确和更为敏锐地用心发掘那些人类精神的自然本性所带给我们的东西。这就是精神推理的速度，如我们所看到的，它就像一个旋转的陀螺，看起来静止，但实际上运行速度无比之快。

但我为何要有失严肃地用这种游戏之物来解释如此庄重的问题？因为如果我用作为永恒之光的伟大源

泉——太阳，来做比喻的话岂不是更好？太阳也看似静止，但却于静止之中完成了漫长的旅程。我要用更好的方式来称赞记忆力，因为有什么能比储藏万物和语词的无比丰富的人类心灵宝库更值得赞美且更为神圣的呢？所以，不朽的上帝啊，我们要尽快地充实和丰富它。因为每隔两年或三年，我们就要很好地记住所有应用于社会共同生活的语词和事物。这些语词和事物，如果一个词典编纂者要将其有条有理地编纂起来的话，写出的书籍也要汗牛充栋，又如何理解那些给人类带来特殊用途或者伟大的奇迹和愉悦之人（或许不包括那些异教徒们，他们并不认识自身），他们要么将荣耀归之于诸神，要么尊之为诸神的赐予呢？由于法律是社会生活得以存续的手段，所以狄摩西尼[1]将之称作是“众神的赠予”；但其实这是类似于你们的人类精神的赠予。人们说苏格拉底把道德哲学从天上唤到人间，但还不如说是他把精神引入上天。希腊人将医学归之于阿波罗神[2]，将雄辩术

---

1 狄摩西尼（Demosthenes，公元前384年—公元前322年），古希腊演说家，政治家。传说他先天口吃，曾含着石子诵诗，练习演讲。——编者注

2 阿波罗神（Apollo），希腊神话的艺术、音乐、诗歌、医药、预言和光明之神。——编者注

归之于墨丘利神[1]；诸神就如同你们每个人。俄尔甫斯[2]的七弦琴和阿尔戈斯[3]的船都被列于诸星座之中，这就以显明的证据肯定了你们的人类心灵的神圣性。简而言之，即所有因为造福人类社会而被古人置于上天的神，就是你们自己。哦，令人惊叹的自我认识，看你把我们举得如此之高！听众们，你们每个人都有自己的精神，如同自己的上帝：看的能力、听的能力、生成事物形式的能力、理解力、判断力、思考能力以及记忆力都是神圣的能力。看、听、发现和创造、构造、推论、记忆都是神圣的。精神的明智、敏锐、精准、才能、创造力和敏捷都是伟大而神圣的，都令人惊叹。

既然事情就是这样，既然人类就其本性来说已拥有许许多多如此优越的手段来探索智慧，那还有什么能阻碍和限制他们对各种学问的最美好的热爱呢？这种热爱我一直极为看重，因为探求真理就是人的第一特性，所以我们每天都渴望看见、听到和学到一些东西，而且每

---

1 墨丘利神（Mercurius），罗马神话的商业之神，众神的使者，与希腊神话的赫尔墨斯（Hermes）相对应。——编者注

2 俄耳甫斯（Orpheus），希腊神话中的一位诗人和音乐家，他死后，缪斯女神将其安葬在奥林匹斯山下，他的七弦琴（里拉）化作天琴星座。——编者注

3 阿尔戈斯（Argos），希腊神话中的造船者，他帮助英雄伊阿宋（Easun）寻找金羊毛所造的阿尔戈号船后来化作南天星座。——编者注

当我们发现了新事物或未知事物中的真实和确定之物时，内心就充满了快乐。自然造出我们，就是要我们去追求真理，创造力引领着我们，热爱支撑着我们，所以当我看到无知之人竟然如此之多，这确实让我极为震惊。因为正如烟雾对于眼睛、噪声对于耳朵、恶臭对于鼻子都是有害和敌对的。同样，错误、无知和欺骗都是人类心灵的敌人。人若如此就再也不能认识他自己：他认识不到精神的神圣力量，也把握不了所能从事之伟业。于是，他们被遗弃在对崇高之物的无知之中，因为他们从未尝试借助精神的各种功能振翅高飞，将自己与任何伟大相提并论。别的人之所以“能够”，因为他们看起来就是有能力；然而，我们虽然有能力，但却看起来“不能”。所以只要我们尝试我们能做到什么，也就很容易确知我们已经能够做到什么。让我们唤醒内在的第一真理或几乎从它本身中涌流出来的事物的种种观念吧，它们幽闭于精神之中，仿佛是被埋葬的火种；同时也燃烧起对全部学问的热情吧！大家都知道柏拉图所讲的苏格拉底与一个少年的故事，那个少年虽然对几何学一无所知，却在一步一步地回答哲学家苏格拉底的极为容易和众所周知的小问题的过程中，阐明了几何学中正方形的面积问题。所有科学都是属于你们的。青年学子们，如果你们能够正确地认识你自己，那就是无上的幸运。所以要心无旁骛地倾心于各门科学的研究中。哦，那极为不名誉的好逸恶劳之声，绝不会沾上圣贤之人！为什么呢？因为他们决不需要。当我们想要成为有智之人时，最为关键的就是意志，关于它的巨大而令人惊叹的力量，诗人们说得很好：当他们渴望凭借想象力和帮助以把握某种伟大而崇高的东西时，就极为热情地投入其精神；当他们远离意志的动力，将这种伟大和崇高付诸实行的时候，精神那风一样的活动就离他们远去了，所以他们相信，这是属于某种更为高级的心灵的能力，而不是他们自己特有的能力。相信可以如此肯定：如果精神不是被贪欲和邪恶的欲念瓜分殆尽，那么就不可能是这样，即当他们倾心于智慧研究时，却从来就不能极为轻易而迅速地认识和理解从先贤高人那里发现和传承下来的任何学问。但就算他们投身其中，也可能毫无进展或者成就寥寥。这或者是由于没有足够的良师指点，或者是由于教导无方导致他们的天资泯灭。不过也许得遇良师，又有正确的教导，他们却仍然未能把握整个科学王国，那就必须明以道理，或以此者之用益，或以彼者之愉悦，或以另者之荣耀，引导他们修习各种科学知识。……

（张小勇　译）

（节选省略了译文的英译注和中译注）

亨利・柏格森

Henri Bergson

1859—1941

法国哲学家，出生于犹太家庭，毕业于巴黎高等师范学校，获得哲学教师资格和文学博士学位，法兰西学院院士，巴黎高师和法兰西公学哲学教授，主要著作有《时间与自由意志》《物质与记忆》《笑》《创造进化论》《道德与宗教的两个来源》等。柏格森倡导的生命哲学是对现代科学主义文化思潮的反拨，强调通过直觉体验把握生命存在的“绵延”，尊重创造的自发性和非理性因素。他的代表作《创造进化论》被认为是“一篇震撼人心的雄伟诗篇”，“由于其丰富而生气勃勃的思想及表达的卓越技巧”，他也因此获得 1927 年诺贝尔文学奖。晚年柏格森宣布在精神上皈依罗马天主教。

1892 年，时任巴黎亨利四世高中哲学教师的柏格森在该校颁奖仪式上以“礼貌”为题致辞[1]。他首先指出礼貌不是客套和虚礼，在真正的礼貌的深处，有一种热爱平等的感情。其次，他提出在举止的礼貌之上，还有一种“精神的礼貌”“心灵的礼貌”。这种可称为美德的礼貌是在可触知的世界以外，对正义和仁慈的延续。这是在自尊心领域实施的仁慈，它为日常生活中人与人之间建立的实用关系平添了一种艺术的魅力。“精神的礼貌”也不只是一种美德，它将力量与优美结合起来。但是“精神的礼貌”是无法教的，只有古典文学的学习可以使人具备这一品质。因此，礼貌是现代公民教育的组成部分。

---

1 1885年，柏格森在克莱蒙·费朗中学曾发表过一个相同题目的致辞，内容与本文有部分重合。——编者注

柏格森

礼貌（节选）

青年学生们:

如果我不首先对占用你们辛苦得到的假期表示歉意，那将是忽略了一个习用的传统，尤其是忽略了礼貌。礼貌，这正是我今天要跟你们谈的题目。

我承认，对于直到今天这个假日还追着给你们上一堂道德课，我颇有顾虑；但是考虑再三，我认为你们会原谅我，首先因为这堂课会很短，其次因为这是最后一课，再者，因为你们可能并不需要上这一课。

我想与你们一起探讨什么是真正的礼貌：这是一门科学，一门艺术，还是一种美德呢？有些人自以为礼貌就是懂得问好、进来、出去、坐下，以及在任何情形下遵守在《民法》礼仪中好意列举的那些劝诫。如果这就是礼貌的全部，许多蛮人也可以自认为比我们更礼貌，因为他们仪式的复杂性使旅行者惊讶。我们满足于稍微提起我们的帽子，他们要脱去便鞋，甚至一部分衣服，来表示他们的敬意。我们对偶尔遇到的人问候的语气“您身体好吗？”足以让他明白他的健康并不是我们最关心的事情。不要以为同样的方式在阿劳干尼亚[1]的印第安人那里会被容许，在那里，一个男人遇到另一个男人要花差不多一刻钟的时间跟他交换习惯的礼貌用语，否则会被看作致命的冒犯。所以，最有礼貌的人不一定是最文明的人。现在我们要弄明白的是客套是否等同于礼貌？真正的礼貌是不是拘泥虚礼的？有些人与你谈话时，没完没了地转弯抹角，好像是故意与你保持距离；他们的礼貌虚有其表，是那种过于光鲜、使人不敢接近的外表。当你与他们偶尔相遇，你会感到很不自在；你猜想他是一个自私、傲慢，或者冷漠的人；很快，你自己变得有失公允，把他们说的话和做的事都往坏里解释；如果他们笑，你以为是出于怜悯；如果他们完全同意你的意见，那是为了尽快摆脱你的纠缠；如果他们把你送到门口，那是因为要确认你真的走了。我不是说要断绝使用客套话，不予以重视是没有教养的表现。但是我不认为那些约定俗成，不费任何力气就能熟记，对最愚蠢的人和最聪明的人同样适用的用语，就是礼貌的最后诠释。那么，我们怎么定义礼貌呢？

在真正的礼貌的深处，你会发现一种热爱平等的感情。但是热爱和理解平等的方式多种多样，其中最坏的

1 智利中部和南部地区的旧名。——译者注

就是不重视才华和道德价值的优越性。这是一种形式的不公正，来自妒忌、欲望，或是不自觉的控制欲。公正要求的平等是一种关系的平等，因此，成就和奖励要相称。如果你们愿意，可以把礼貌称作规矩，一种向每个人表达他通过他们的态度和话语所应得到的尊重和敬意的艺术。这难道不是说礼貌以它的方式表达其对平等的热爱吗？

精神的礼貌是另外的东西。每个人的禀性或来自其天性，或来自他所受的教育，所从事的职业和社会地位带来的习惯。这些习惯和禀性在大部分时间与产生它们的环境相适应，赋予我们的人格以形式和色彩。但是正因为它们因人而异，所以没有两个人是一模一样的；性格、倾向、习惯的多样性随着人类世代的交替而加深，同时不断增长的文明使社会分工进一步加剧，把我们每一个人封闭在人们称之为行业或职业的越来越狭窄的界限中。习惯和禀性的无限多样化应该被看作一件好事，因为它是社会进步的必然结果，但它不是没有坏处。它使我们离开通常所做的工作时感到不适，而且使我们相互之间不甚了解。总之，这在所有关键点上加强人的团结，使其互相帮助的社会分工有损害纯精神关系的危险，而后者才是文明生活的奢华和乐趣。养成持久习惯的能力，适应人们所处的环境和在世界上所居的位置，好像呼吁我们具有另一种修正前一种，或缓冲其作用的能力，即必要的话，放弃长期养成的习惯，甚至是与生俱来的，后天得以发展的禀性，把自己放在他人的位置上，关心他们的工作，思考他们的想法，一句话，体验他们的生活，忘记自己。这就是精神的礼貌，它好像是一种智慧的柔性。一个完美的人懂得跟每一个人聊他感兴趣的话；他理解他人的观点，但不苟同；他明白一切，但不原谅一切。他让我们喜欢的是那种在情感和思想中循环往来的能力；他也许精通这门艺术，当他跟我们说话的时候，使我们觉得他对所有人来说不是同一个人；因为这个非常礼貌的人的特点是喜欢他的每一位朋友胜过其他朋友，这样他成功地做到了同样爱所有的朋友。一个严厉的判官可能怀疑他的真诚和坦率。然而你不要误会，这一高雅的礼貌与阿谀的虚伪之间和为服务他人的愿望与利用他人的手段之间永远有着同样的距离。我同意说，高雅的礼貌首先出于讨人喜欢的愿望，然而在优雅的深处难道不正是讨人喜欢的愿望吗？我不知道你们是否尝试分析过一个优美的舞蹈表演在灵魂中唤起的情感。首先是对舞者的赞美，他们灵巧地完成各种矫捷的动作，不生硬，不摇摆，也没有断裂，每一个姿势都被上一个姿势预示，同时又预告下一个姿势。但是，不仅如此，与对艺术家轻盈的好感同时进入我们美感的，是一种我们抛掉了自己的沉重和物质性的想法。被舞蹈节奏所裹挟，不需花费我们的力气，我们跟随其灵巧的舞姿，有了梦中的美妙感觉：我们的身体好像失去了重量，体积失去了阻力，形体失去了物质性。所有这些身体优美的因素，你在礼貌这一精神的优雅中也可以找到。如同优美一样，精神的礼貌也能唤起无限柔软的感觉；如同优美一样，她在灵魂之间传导一种流动和轻盈的感受；如同优美一样，她将我们从这个话语与行动相联系，行动与利益相联系的世界带到另一个理想的世界，在那里，话语和动作摆脱了他们的功利性，除了讨人喜欢，没有其他目的。这难道不是说这一具有千种面目的礼貌——他要求某些心灵的品质和许多精神的品质，实际上存在于智慧的完美自由之中——正是理想的礼貌，就连最严厉的道学家也难以要求得更多更好吗?

朋友们，我的回答是否定的。在这个礼貌之上，我还设想了另一个礼貌，第一个只是一种才能，第二个几乎就是一种美德。有的灵魂缺乏自信，渴望赞许，因为他们怀疑自己。他们将对自己优点的朦胧意识与听到别人赞扬的愿望和需要连在一起。这是虚荣，还是谦虚?我不知道。那种把对自己的好感强加于人的做派让我们感到厌恶，我们更受到那些焦虑地期待我们对其优点持同样肯定看法的人的吸引，情愿把我们的好感给予他们。一个由衷的赞赏，一句令人愉快的话可以在这些灵魂中产生一束阳光骤然洒在一片荒野上的效果；就像阳光一样，赞赏会使灵魂再生，甚至可以使即将枯萎的花结果。相反，一个无意的影射，一句出自权威人士之口的指责，可以使我们非常难过，我们对自己不满，对前途绝望，我们看到生活的所有大道在我们面前封闭。就像无限小的水晶掉进一个超饱和的溶液招来无数的分散的分子，使透明的液体顿时变成一种不透明的固体，指责的声音刚刚落下，就从这里和那里的无数个不同的地方，通过所有通向心灵深处的道路，跑出来那些表面上被战胜的胆怯，一时间得到安慰的幻灭，以及所有那些浮动的悲伤，只等待时机一到就凝结成结实的石块，以其全部重量压在一个已经泄了气的、呆滞的灵魂上。幸而这种病态的感觉并不常见，但是谁没有在某个时候痛苦地感到自己的自尊心受到伤害，本来跃跃欲试的飞跃戛然而止；而在另外一些时刻，一种美妙的和谐感穿越他的全身，因为一句进到耳中的话渗入其灵魂的隐秘之处，触动了隐藏在那里的心弦，没有整个人的力量与之一同颤抖和激动，这个心弦是不会发出回声的。青年学生们，这难道不是最高级的礼貌，心灵的礼貌，我们称之为美德的礼貌吗？这是在自尊心领域实施的仁慈，在那里，有时发现痛苦和治愈它同样困难。天生的善良是基础，但是如果没有精神的穿透力，敏感和对人心的深刻了解，善良很可能无济于事。

各种形式的礼貌，精神的礼貌，举止的礼貌，心灵的礼貌，将我们引入一个理想的共和国，精神的真正国度，在那里，自由是聪明才智的解放，平等是尊重的公平之分享，博爱是对感知的痛苦之同情。礼貌是在可触知的世界以外，对正义和仁慈的延续。它为日常生活中人与人之间建立的实用关系平添了一种艺术作品的微妙的魅力。这个意义上的礼貌要求精神和心灵的参与，也就是说它是无法教的，但如果有什么东西可以使人具备这一品质，那就是没有私心的学习，尤其是你们在这里学习的古典文学。

…………

远的不说，难道我们不能说对这个精神的礼貌最好的准备就是阅读古代作家的作品吗？古人比我们对思想怀有更纯洁的爱，因为他们为思想本身而爱，不像我们是为思想所给予我们的东西而爱。思想对我们而言主要是一个行动的原则，而对古人是沉思的对象。你们还记得柏拉图对话录的某些篇章和那些无用的、美妙的谈话吧。苏格拉底和他的学生关心的不是表明他们的想法，而是让他们的思想当众出丑，甚至与之捉迷藏。我们急于达到目的，我们的思路好像赛跑，古人的思路好像散步，他们更愿意停留在路边，因为他们觉得路边很美。最后，如果说我们的道德比古代的道德更深刻，我们的司法更严密，我们的布施更广泛，如果说我们更懂得何为严肃，何为庄重，一句话，何为生活的重要性，古人更能感受这一切的魅力。他们是在热爱生活的同时使自己变得可爱，他们热爱生活，因为他们懂得在生活中发现美，就像柏拉图说的，把事物化成理念。让我们以他们为榜样，如果我们不再有凝视美的闲暇，让我们至少学习古人的精神的礼貌和热爱生活的艺术。

在这一点上，哲学是对文学学习最好的补充吗？有一位长者说过，在一个所有公民都是科学和哲学思辨的朋友的共和国中，所有的公民互相之间也是朋友。他的意思肯定不是说科学会结束争论和冲突，而是说当争论和冲突是在纯理念之间进行的时候，它们会远离乖戾和暴力。因为，说穿了，理念是理念的朋友，即使是相反的理念，严重的争执总是来自我们将人的粗劣的情绪与理念混为一谈，而理念是我们身上的神性。不宽容可能只是缺乏将思想与行动分离的能力；它不是用我们的理性考察他人的思想，而是用伴随理性而来的渴望和欲念。然而，为了将我们的智性从情绪中摆脱出来，与他人换位思考，就必须让它看到那些表面上对立的学说有一个共同的原则，它们都是相互衍生而来，缓慢地演变，愤怒地反对他人的主张，就是反对自己的主张，谬误是真理的源泉。这就是哲学教学所阐明的。是的，这一经常出现在那些深入研究哲学的人身上的精神品质有时很容易与怀疑论相混淆，其实应该称之为宽容、公正、谦恭、礼貌。礼貌不是一种奢华，也不只是一种优雅的美德。它将力量与优美结合起来，它在传递的过程中，用讨论代替争吵，减缓相反意见的冲撞，使公民之间更好地相知相爱。青年学生们，我用这个建议结束我的话。在培养你们的智性，扩展你们的思想，总之，实践你们高尚的精神礼貌的同时，你们也在密切彼此的关系，加强团结，祖国的未来和强盛皆有赖于此。

（陈力川　译）

皮埃尔·德·顾拜旦

Pierre De Coubertin

1863—1937

法国教育家、历史学家、现代奥林匹克运动的创始人。生于巴黎的贵族家庭，有男爵头衔，父亲是画家，母亲是音乐家。顾拜旦从青少年时代开始就从事拳击、击剑、赛艇和马术等体育活动，曾进入军事学院就读，继而转读教育学，曾前往英国留学，研究英国教育史。1875—1881 年古代奥运会遗址的发掘引起顾拜旦极大的兴趣。秉承英国教育家托马斯·阿诺德的理念，“运动是青年自我教育的一种活动”，顾拜旦倡议成立法国体育联合会，希望通过改革法国教育制度，增强青年一代的勇气、体魄和纪律性，走体育强国的道路。1889 年春，他借万国博览会之机组织召开体育会议和学生运动会。1892 年 11 月，在法国体育联合会成立五周年的纪念大会上，发表题为

《复兴奥林匹克运动》的演说，第一次正式提出创办现代奥运会的倡议。1894 年 6 月，国际奥林匹克委员会在巴黎成立，顾拜旦出任秘书长，1896—1925 年担任国际奥委会主席。1912 年斯德哥尔摩奥运会时，发表著名诗作《体育颂》，荣获该届奥运会文学艺术比赛的金质奖章。他也是奥运会会徽和会旗的设计者，由于对复兴奥林匹克运动做出的不朽功绩，被誉为“奥林匹克之父”。顾拜旦坚决反对女性运动员和职业运动员参加奥运会，支持纳粹德国举办 1936 年柏林奥运会备受争议，但在理论上他一向抵制奥运会沦为民族主义和政治斗争的工具。在体育学方面，顾拜旦开拓了运动心理学领域，先后发表《运动心理学试论》和《竞技运动教育学》等名著。1925 年因年事已高，主动辞去国际奥委会主席的职务，担任终身名誉主席。1931 年出版《奥林匹克回忆录》，1937 年在日内瓦去世。尊其遗愿，遗体安葬在国际奥委会总部所在地洛桑，心脏葬于奥林匹亚山。

1890年，顾拜旦首次访问古奥林匹克运动的发源地：希腊奥林匹亚山，发愿说：“德国人发掘了奥林匹亚的遗址，法兰西为什么不能着手恢复她古代光荣的历史呢？”从此开始了复兴奥运的艰辛之旅。1894年6月23日，来自欧美十二个国家的七十九位正式代表在巴黎索尔邦大学聚会，在顾拜旦的倡议下成立了国际奥林匹克运动委员会（简称奥委会），通过了每四年举办一届奥运会的原则。顾拜旦提议由雅典作为首届奥运会的举办地，得到奥委会成员的赞同。同年11月16日，顾拜旦在雅典发表了这篇演说。他首先回顾了人类体育运动的发展史，指出是古希腊人开始通过运动追求精神与肌体的完美协调，并将之作为礼物馈赠世界。顾拜旦将体育运动与一个民族的切身利益和远大前程联系起来，赞扬现代英国教育家托马斯·阿诺德将体育运动纳入学校教育，当他亲手培养的第一代学生步入社会后，英国的各项事业开始繁荣昌盛。他同时指出，如今体育运动已在全世界遍地开花，但正面临着严重的威胁，可能会坠入唯利是图的商业化深渊。体育自身所具有的高贵性，承载着无尽的希望；高贵性不存，希望不在。现代体育运动呈现出民主化和国际化的倾向，运输手段日益快捷，人类交往日益频繁，这必将促使体育运动高举道德的旗帜，构建社会和平。1896 年 4 月 6 日，经过顾拜旦等人的不懈努力，希腊国王乔治一世在帕那辛纳克体育场向八万名观众宣布第一届雅典国际奥林匹克运动会开幕，有二百三十名希腊运动员和八十一名其他国家的运动员参加，绝大多数选手来自欧美国家。只有九个运动项目，不同国家的运动员可以组成一个队参赛。自罗马帝国皇帝狄奥多西一世于 393 年废除古代奥运会之后，第一届现代奥林匹克运动会正式诞生。

顾拜旦

现代社会的体育运动与奥林匹克运动会（节选）

女士们，先生们：

今天我们知道，体育运动对古埃及来说甚为陌生。象形文字里有大量翔实反映尼罗河两岸当时生存环境的描述，却独对体育运动绝口不提，这也从侧面证明了这一点。古埃及军队均经受过严格训练，这是无可辩驳的事实。从他们对特定驿站位置的选取以及他们掌握的穿越驿站间距所需时间的相关信息，我们可将法老们的军队同现代步兵就行军距离和行军速度方面进行比较。经比较得知，古人并不落后，足以自豪。此外，兵营里还传授摔跤术，出人意料的是，其规则竟然与当今社会的规则相差无几：获胜者必须使对手双肩触地，迫使对手认输。

这就是人类争斗的天然缩影，人类的天性永远都是崇尚武力。不过，严格意义上讲，这并非真正意义上的体育运动。

论及体育主题，荷马每每含糊其词。实际上，直到莱克格斯，体育才真正开始登上世界历史舞台。在教育学引领下，体育首次进入了公众视野。19 世纪初叶，同样是在教育的庇护下，体育再次登上了历史舞台。

当然，为了更好地保卫祖国、履行公民义务而锻炼体魄、训练阳刚之气，毫无疑问是高尚而美好的。但是坦白说，还有更人性化的东西值得我们追求，即要通过体育运动，锻炼人类机体，追求官能和谐，追求精神与人体的完美协调，争取精神饱满、富有生命力、充满生活热情，积聚沉静与成功的力量。从这个角度来看，体育能最有效地服务于民族利益，促进民族的远大前程。我的雅典朋友们，是你们将这一箴言赠予世界，荣誉属于你们。

我无须向诸位追述这箴言所孕育的辉煌，你们比我更清楚。人体内在的两股力量——肌体与思想之间，相互竞争，一旦丧失平衡就很难再协调一致。古希腊文理学校的生活，实现了这两股力量间奇妙的协调。肌体与思想友好而和谐地融为一体。这种和谐是如此完美无瑕，竟能将青年与老年有机结合。诸位的祖先，通常少年时不会荒诞不经、纵情享乐，老年时亦不会郁郁寡欢、倔强执拗。古希腊人对人生真谛的理解，可谓达到了最高境界。古希腊人对死亡的理解，也自然而然源自于此：为了永恒的城邦和凛然不可侵犯的宗教，他们敢于直面人生、生而无惧，同时也可以视死如归、死而无悔。而我们，已远做不到这些了。

然而，堕落的种子——金钱，开始在这种健康的生活方式中生根发芽。如果我们对其放任自流，金钱将毁灭我们的一切希望。看来在某种程度上，古希腊奥林匹亚的竞技者毫无疑问受到了他为之奋斗的体育神圣精神的守护。那戴在优胜者头上的野橄榄花冠，象征着无私和勇武的精神。然而，在优胜者的家乡，人们欣喜若狂，毫无节制地赠予他财富，环绕他的尽是奢华的生活，他开始无度挥霍。诚如你们所见，这类我们今天称之为专业化的东西，事实上古已有之。当然，我们有理由相信很多的公民对此痛心疾首，可是，他们不善于也无力遏制这一现象的蔓延。年复一年，体育观念越来越模糊黯淡，直至最后完全消失。斗转星移，世纪变迁，体育运动竟可悲地沦为古罗马马戏团充满兽性的麻木迷醉项目。

基督教之所以反对体育运动，一方面因为体育崇尚古希腊的异教文明，另一方面则因为体育本身已经变得残忍严酷。源自上帝的伟大灵感最终战胜了古希腊文明，捣毁了它不堪一击的废墟。建立在平等和团结之上的新的律法横空出世，它既冷酷无情，又气势恢宏。我的脑海里时常盘旋着登山宝训的崇高话语如何使古希腊黄金时代不信教的人心生怨恨、气愤难平的情景。对当代的资本家来说，最过火的无政府主义恐怕也没有如此可憎如此疯狂。

不过，基督教的德望与体格的塑造并不是完全水火不容。中世纪视人体如粪土，蔑视生命的宣传，始酿成大错。可是，即使在这个深受真实而幼稚的专制主义笼罩的时代，也不乏体育人士。骑士阶层就是一个广泛的体育运动组织。

靠少数人的执行来维系的专制主义，居然没有插手那场被称之为“文艺复兴”的伟大运动，这多少让人有些诧异。人类终于明白，早先心甘情愿丢弃的宝贵财富，现在需要回头采撷回来。他们只找回了其中的一部分，不过已然派上了大用场。可另一部分，仍深埋地下，一如这些断壁残垣、雕像、圆柱和镶嵌画，直到考古学家将它们大白于天下，用以启发和指导我们。

先生们，即使对本世纪的历史研究不多，我们也能感受到现时的道德沦亡所带来的深深震撼。道德混乱似乎是由工业革命所引发。生活一片混乱，地球各个角落的人们逐渐感觉到，承载他们的大地，在他们脚下震颤。他们不知所措，不知该倚靠何物，因为在他们身边，一切都在移动、一切都在变化：在混乱之中，大家开始重新汇聚那些散落各处的道德力量，仿佛要以此建立一道天然屏障，抵抗那些已汇集成巨石墙的物质力量。我认为，19 世纪人们开始日益强调体格文化，号召复兴体育运动，或可从此处寻到其哲学根源。

请诸位注意，在大多数国家，往往是某种剧变引发了体育复兴运动，如耶拿战役后的普鲁士，色当大败后的法兰西。对于这两个国家而言，国家军队的厄运，百废待兴的时代，恰恰标志着男性新纪元的肇始。为重整旗鼓，体育立马占据了压倒一切的优势。同样的，在美国，可怕的南北战争从根基上动摇了美利坚合众国。战争结束不久，人们锻炼身体的热情日渐高涨。而在此之前，美国社会一直自命不凡，蔑视锻炼，顽固坚持体力与智力互不相容的观念。

历史总是在不断重演。虽说没有出现新的来库古来制订一部体育法典，对斯巴达的反映却已甚为明显。雅典斜靠着它，在雾茫茫的泰晤士河两岸复活了。两种体系，两种理论，再次交织呈现：为了打仗锻炼身体，为了个体从事体育运动。

雅典理念羞答答地现身了，甚至说得上是小心翼翼。声名卓著的金斯利和他的一些朋友们，开始为体育事业四处奔走，这距今已有六十余年。在当时的英国，这可算是一桩新鲜事。英国这个国家，似乎命中注定要成为现代体育之乡。可实际上，此时的英国人对体育也是一无所知：英国被认可为体育之乡，并非因为习俗粗鲁的封建主们终日骑马打猎，也不是因为有些农民时而玩球或射箭。英国青年麻木不仁，他们的消遣并不高雅。对于金斯利的主张，他们不屑一顾；面对金斯利的弟子人数与日俱增，他们越发刻薄地讽刺挖苦，继而演变为恼怒。墨守成规的人们开始四处抱怨控诉。从此以后，我们法国人明白了众人皆醉我独醒时呐喊的代价。

尔后，出现了现代最伟大的教育家托马斯·阿诺德。对于英国眼下的繁荣兴旺和空前扩张，阿诺德可谓居功至伟，其他任何人都无法相提并论。在他的推动下，体育运动进入了学校教育，并促使教育面貌焕然一新。他亲手培养的第一代学生步入社会之后，大英帝国的各项事业开始旧貌换新颜。一群出色的能工巧匠最终改造了整个社会，恐怕再没有别的例子比这个实例更让人惊叹不已的了。

对于英国体育运动随后的发展，想必诸位早已有所耳闻：体育不仅在整个教育界落地生根，成为教师得心应手的有效道德教育手段，而且远播至大英帝国的每一寸疆土。如今，体育运动已在全世界遍地开花。在法国、德国、比利时，体育开始与传统意义上的体操齐头并进，以其雄心勃勃的小兄弟的身份占据了一席之地。在意大利、匈牙利、南美洲以至俄罗斯和西班牙，体育运动的胜利旗帜高高飘扬。而在这里，希腊，体育运动同样是生机勃勃：你们的各个体操联合会、比雷埃夫斯港赛艇协会、击剑俱乐部、自行车运动俱乐部，其数目之众，足以与西欧雨后春笋般涌现的体育俱乐部相媲美。

可见，体育复兴之势席卷世界，发展迅猛。这种情况下，我们应该不忘前车之鉴。让我们借鉴先辈们的经验，避开那些他们已为我们指明的暗礁吧！

相比以往的体育运动，现代体育既有突破之处，也存在今不如昔的地方。除游泳、摔跤及各类体操项目一成不变外，现代体育运动在设备上日趋精良：单人划艇和舷外支架设计得意想不到地轻巧；自行车的发明以及一次次的技术革新，推动着自行车运动的发展；人们拥有了符合不同需求的球拍、球、冰鞋以及花剑。这都是突破之处。

然而，我们缺乏哲学基础，缺乏高远目标，缺乏围绕青少年节庆活动的整套爱国机制和信仰机制。过去，运动员在竞赛之前都要进行某种净化仪式，才能够得体地参赛。运动员在生活中任何不端的行为，都会构成参加比赛不可逾越的障碍。昔日，自行车手必须到市政厅领取一份品行端正证书，才可以被自行车赛场接纳；击剑选手要像中世纪的骑士那样，积极参加教堂的神圣祝祷仪式。这些在我们今天是无法想象的。我们知道，体育运动正面临着严重的威胁，它可能会坠入唯利是图的商业化深渊，泥足深陷；我们要不惜一切代价，保护体育远离这多舛的命途。体育自身所具有的高贵性，承载着无尽的希望；高贵性不存，希望不在。它在学校里将发挥不了任何作用，对公众生活也产生不了任何影响。相反，对贪污腐败的行径，它倒会推波助澜。

寻找一种道德制衡力量，已是迫在眉睫。难道我们在顺应时代潮流的新思想体系中，无法寻找到这一制衡力量吗？

先生们，我想提醒大家，现代体育运动的发展，正呈现出两种倾向：它逐渐变得民主，亦变得国际化。社会革命已经在人中间完成，也许很快也将在事物中间展开，这造就了体育发展的第一个倾向；而运输手段的日益快捷和人类交往的日益频繁，则造就了它的第二个倾向。

在此，我不想争论民主制度的利弊。我愿引用多米尼克会迪东修士的话，来阐述我的观点。某日，在听到某人对他抱怨民主浪涛滚滚而来之后，这位言辞犀利、擅长雄辩的修士答道："每当人们议论外面的天气时，我从不担心，因为天气的千变万化，不是我所能阻止的。"此实为至理名言。对于国际主义，只要它的发展始终尊重而非颠覆每个国家，我也持同样的论断。国际主义是一股潮流，源自人类心灵深处对和平与博爱的渴望。和平已幻化为某种信仰，它的圣坛周围簇拥着日益增多的信众。此时此地，我如何能不提及这种信仰！我们的一位时代领袖和伟大帝王，他大权在握却爱民如子，身居高位却不忘造福民众。就在不久前，他在全世界的尊崇和悲恸之中，长眠于地下。既然我已经谈及这一令你我都异常悲痛的事件，我就不得不提及我们法兰西共和国那位备受爱戴与尊崇的领袖。他是一位刚正不阿、正气凛然的好人，五个月前，法兰西举国上下一片悲恸，哀悼他的逝世。在他们的棺椁上，人们可以引用《圣经》圣言“使人和睦的人有福了！”来作为颂赞他们的墓志铭。

先生们，这些就是我想从中汲取道德力量的思想体系。道德力量应驾驭并捍卫体育运动的复兴。健全的民主制度、英明而和平的国际主义，将会迈进新的体育场馆。在那里，它们将彰显荣誉与无私，而这必将促使体育运动高举道德大旗，宣扬社会和平，强健人民体魄。

这就是要复兴奥运会的原因。复兴后的奥运会，每四年举办一届，全世界的青少年将借此机会团结愉快地共聚一堂。相聚能使尚存的无知逐步烟消云散，而无知则会酿成仇恨、加深误解，最终必将引发野蛮无情的争斗和冲突。

（中国奥委会组织翻译）

阿尔伯特·爱因斯坦

Albert Einstein

1879—1955

美国犹太裔物理学家，现代物理学的奠基人，生于德国巴登—符腾堡乌尔姆市，20 世纪初叶先后创立狭义相对论和广义相对论，预言了引力波的存在。他发现的质能等价公式 $E=mc^2$ 被称为“最著名的方程”，因“对理论物理的贡献，特别是发现了光电效应的原理”而获得 1921 年诺贝尔物理学奖。1933 年后，爱因斯坦为躲避纳粹德国对犹太人的迫害而移居美国，任普林斯顿大学教授，1940 年加入美国籍。第二次世界大战前夕，爱因斯坦与其他科学家一起致信美国总统富兰克林·罗斯福，呼吁美国政府开展核武器研究，防止希特勒抢先拥有原子弹技术，这封信促成美国启动“曼哈顿计划”。1945 年，美国在广岛和长崎投掷原子弹后，爱因斯坦谴责将核能用于军事目的。1955 年 4 月 11 日，爱因斯坦签署了英国哲学家伯特兰·罗素起草的《科学家要求废止战争》的宣言，反对使用核武器，一周后与世长辞。爱因斯坦被誉为人类有史以来最伟大的科学家之一，同时也是一位人道主义者、和平主义者，致力于国际理解和世界和平，同情民间疾苦，反对社会不公。爱因斯坦也是犹太复国主义的支持者。

这是爱因斯坦于1936年10月15日在纽约州立大学举行的“美国高等教育三百周年纪念会”上的演讲。爱因斯坦不以教育专家和权威自居，而是本着自己做学生和当教师的经验和信念，指出学校始终应当把发展独立思考和独立判断的一般能力放在首位，而不应当把获得专业知识放在首位。学生要把为社会服务看作自己人生的最高目的；教师应防止向青年人鼓吹把习俗意义上的成功作为人生的目标；看一个人的价值，应当看他贡献什么，而不应当看他取得什么；要启发创造性的心理能力，而不是使用强力或者唤起个人好胜心；青年人离校时，应当是一个和谐的人，而不是一个专家。爱因斯坦认为，在他那个时代，最接近实现这种教育理想的是英国学校的制度。

爱因斯坦

论教育

在纪念的日子里，通常首先是追溯往事，尤其是要怀念那些由于发展文化生活而得到特殊荣誉的人们。这种对于我们先辈的亲切的纪念仪式确实是不可少的，尤其是因为这样一种对过去最美好事物的回忆适宜于鼓励今天的善良的人们去勇敢奋斗。但这种怀念应当由那些从青年时代起就同这个州联系在一起，并且熟悉它的过去的人来做，而不应当由一个像吉卜赛人那样到处流浪，把各种各样国家的经验兼收并蓄起来的人来做。

这样，就没有什么东西可留给我讲了，除了讲一些同空间和时间无关的，而过去和将来始终同教育事业联系在一起的问题。在做这一尝试时，我不能以权威自居，特别是因为各个时代的有才智的和善意的人们，都已讨论过教育这个问题，并且无疑已清楚地反复讲明了他们在这些问题上的见解。在教育学领域中，我是个半外行人，除却个人经验和个人信念以外，我的见解就别无基础。那么我究竟凭什么有胆量来大发议论呢？如果它真是一个科学的问题，人们也许会被这样一些考虑弄得哑口无言了。

可是，对于能动的人类事务来说，情况是不同的。在这里，单靠真理的知识是不够的，相反，如果要不失掉这种知识，就必须以不断的努力来使它经常更新。它像一座矗立在沙漠上的大理石像，随时都有被流沙掩埋的危险。为了使这座石像永远闪耀在阳光之下，必须挥手不停地为它工作。我也要出一臂之力。

学校向来是把传统的财富从一代传到下一代的最重要场所。与过去相比，这种情况更加适合于今天。由于经济生活现代化的发展，作为传统和教育的传递者的家庭已经削弱了。因此，比起以前来，人类社会的延续和健康，要在更高程度上依靠学校。

有时，人们把学校简单地看作一种工具，靠它来把最大量的知识传授给成长中的一代。但这种看法是不正确的。知识是死的，而学校却要为活人服务。它应当发展青年人中那些有益于公共福利的品质和才能，但这并不是意味着个性应当被消灭，而个人变成像一只蜜蜂或蚂蚁那样，仅仅是社会的一种工具。因为一个由没有个人独创性和个人志愿的规格统一的个人所组成的社会，将是一个没有发展可能的不幸的社会。相反地，学校的目标应当是培养有独立行动和独立思考的个人，不过他们要把为社会服务看作是自己人生的最高目的。就我所能判断的范围来说，英国学校制度是最接近于实现这种理想的。

但是人们应当怎样来努力实现这种理想呢，是不是要用道德说教来达到这个目标呢？ 完全不是。言词是，并且永远是空洞的，而且通向地狱的道路总是伴随着理想的空谈。但是人格绝不是靠所听到的和所说出的言语，而是靠劳动和行动来形成的。

因此，最重要的教育方法总是鼓励学生去参与实际行动。这对于初学的儿童第一次学写字是如此，对于大学里写博士学位论文也是如此，就是对简单地默记一首诗，写一篇作文，解释和翻译一段课文，解一道数学题，或者进行体育运动锻炼，也都无不如此。

但是在每项成绩背后都有着一种推动力，它是成绩的基础，反过来，这种推动力也通过任务的完成而得到加强和滋养。在这里存在着非常大的差别，这种差别同学校的教育准则的关系极为重大。做同样的工作，它的出发点，可以是恐怖和强制，可以是追求威信和荣誉的好胜心，也可以是对于对象的诚挚的兴趣和追求真理与理解的愿望，因而也可以是每个健康儿童都具有的天赋的好奇心，只不过这种好奇心往往很早就衰退了。同样一件工作的完成，对于学生所产生的教育影响可以很不相同，这要看推动这项工作的主因究竟是怕受到损害的恐惧，是自私的欲望，还是对快乐和满足的追求。没有人会认为学校的管理和教师的态度对塑造学生的心理基础会没有影响。

我以为，对于学校来说，最坏的事是，主要靠恐吓、暴力和人为的权威这些办法来进行工作。这种做法摧残学生的健康的感情、诚实和自信；它制造出来的是顺从的人。这样的学校制度在德国和俄国成为惯例，那是没有什么可奇怪的。我知道在美国这个国家里，学校中不存在这种最坏的祸害；在瑞士，以及差不多在一切民主管理的国家里也都如此。要使学校不受到这种一切祸害中最坏的祸害的侵袭，那是比较简单的。教师使用的强制手段要尽可能地少，学生对教师的尊敬的唯一源泉在于教师的德和才。

第二项动机是人的好胜心，或者说得婉转点，是期望得到赞许和尊重，它根深蒂固地存在于人的本性中。要是没有这种精神刺激，人类合作就完全不可能；一个人希望得到他的同类赞许的愿望，肯定是社会对他的最大约束力之一。但在这种复杂的感情中，建设性的力量同破坏性的力量密切地交织在一起。想要得到赞许和表扬的愿望，本来是一种健康的动机，但如果要求别人承认自己比同伴或者同学更高明、更强，或者更有才智，那就容易在心理上产生唯我独尊的态度，这无论对个人和对社会都是有害的。因此，学校和教师必须防范使用那种容易产生个人野心的简单办法去引导学生从事辛勤的工作。

达尔文的生存竞争以及同它有关的选择的理论，被很多人引证来作为鼓励竞争精神的根据。有些人还以这样的办法试图伪科学地证明个人竞争这种破坏性经济斗争的必然性。但这是错误的，因为人在生存竞争中的力量全在于他是一个过着社会生活的动物。正像在一个蚂蚁窝里的个别蚂蚁之间的交战说不上什么是为生存所必需的，人类社会中各个成员之间的情况也是这样。

因此，人们应当防止向青年人鼓吹那种以习俗意义上的成功作为人生的目标。因为一个获得成功的人，从他的同胞那里所取得的，总是无可比拟地超过他对他们所做的贡献。然而看一个人的价值，应当看他贡献什么，而不应当看他取得什么。

在学校里和在生活中，工作的最重要动机是工作中的乐趣，是工作获得结果时的乐趣，以及对这个结果的社会价值的认识。启发并且加强青年人的这些心理力量，我看这该是学校的最重要任务。只有这样的心理基础才能生发一种愉快的愿望，去追求人的最高财产——知识和艺术技能。

要启发这种创造性的心理能力，当然不像使用强力或者唤起个人好胜心那样容易，但它是更有价值的。关键在于发展孩子对游戏的天真爱好和获得赞许的天真愿望，并且把孩子引向对于社会很重要的领域。这种教育主要是建立在希望得到有成效的活动能力和社会认可的愿望之上的。如果学校从这样的观点出发，工作很成功，那么它就会受到成长中的一代的高度尊敬，学校所规定的作业就会被当作一种礼物来领受。我知道有些儿童就对在学时间比对假期还要喜爱。

这样一种学校要求教师在他的本职工作上成为一种艺术家。为着要在学校中得到这种精神，我们能够做些什么呢？对于这个问题，正像无法使人永葆健康一样，并不存在包医百病的万灵丹。但是还有某些必要的条件是可以满足的。首先，教师应当在这样的学校里成长起来。其次，在选择教材和使用教学方法上，应当给教师以广泛的自由。因为强制和外界压力无疑也会扼杀一个人在安排他的工作时的乐趣。

如果你们是一直在用心地听取我的想法，有一件事也许你们会觉得奇怪。我所讲的完全是，依照我的见解，应当以怎样的精神来教导青少年。但是我既没有讲到课程设置，也没有讲到教学方法。究竟应当以文科为主，还是应当以理科专业教育为主呢？

对这个问题，我的回答是：照我的见解，这一切都是次要的。如果青年人通过体操和走路训练了他的肌肉和体力的耐劳性，以后他就会适合任何体力劳动。思想的训练以及智力和手艺方面的技能锻炼也类似这样。因此，有个才子讲得不错，他对教育下这样一个定义："如果一个人忘掉了他在学校里所学到的每一样东西，那么留下来的就是教育。"由于这个理由，对于古典文史教育的拥护者同注重自然科学教育的人之间的抗争，我一点儿也不想偏袒哪一方。

另一方面，我也要反对这种观点，即认为学校必须直接教授那些在以后生活中要直接用到的专业知识和技能。生活所要求的东西太多种多样了，不大可能允许学校采取这样的专门训练。除开这一点，我还认为应当反对把个人当作死的工具来对待。学校的目标始终应当是：青年人在离开学校时，是作为一个和谐的人，而不是作为一个专家。照我的见解，在某种意义上，即使对技术学校来说，这也是正确的，尽管技术学校的学生将要从事的是一种完全确定的专门职业。发展独立思考和独立判断的一般能力，应当始终放在首位，而不应当把获得专业知识放在首位。如果一个人掌握了他的学科的基础理论，并且学会了独立地思考和工作，他必定会找到他自己的道路，而且比起那种主要以获得细节知识为其教育内容的人来，他一定会更好地适应进步和变化。

最后，我要再一次强调一下，这里所讲的虽然多少带点绝对肯定的样子，却并不要求它比一个人的个人见解具有更多的意义，这种见解所依据的只不过是他自己在做学生和当教师时所积累起来的个人经验而已。

（许良英 等　译）

尼尔·波兹曼

Neil Postman

1931—2003

美国作家、文化批评家、教育家，生于纽约，1953 年毕业于纽约州立大学，1958 年获哥伦比亚大学教育学博士学位，1959 年开始任教于纽约大学，长达四十余年。曾任纽约大学教育学院文化与传播系主任，研究并讲授大众传播和媒体理论，开创了“媒体生态学”新学科，出版《童年的消逝》和《娱乐至死》等二十多部著作。波兹曼反对学生在学校使用私人电脑，认为学校是学生集体共同学习的地方，不应成为个体化的学习场所。波兹曼于 2003 年因肺癌去世。

这是波兹曼为纽约大学毕业生拟定的一篇演讲稿，观点简洁明了。他首先回顾了两千五百年前的古希腊人在语言、哲学、政治、文学、科学和体育等方面的成就，并将他们的价值观归结为人在一切事情上追求卓越、信奉理性、信奉美、信奉适度。相反，一千七百年前多次入侵罗马帝国的西哥特人除了骑术，在文化建树上乏善可陈。按照我们今天组织生活的不同方式和标准，人类仍然可分为雅典人和西哥特人。在成为雅典人所应具备的价值观和美德中，波兹曼特别强调“关注公共事务和公共行为的改善”这一点。今天我们都面临着成为雅典人，还是西哥特人的选择。人天生是西哥特人，要成为雅典人必须付出努力，而且仅凭上学或累积学位并不能成为雅典人。波兹曼总结说“上大学的目的就是让你瞥见雅典人的方式，并对它产生兴趣”，他希望看到在这届毕业生中，“雅典人在数量上远远多于西哥特人”！

波兹曼

雅典人和西哥特人

各位老师、家长，诸位来宾、毕业生们：

不用担心。我很清楚在这样一个令人兴奋的日子，你们对每个演讲者的第一个要求就是简短。在这一点上我不会让你们失望的。我的演讲总共有八十五个句子，你们刚才已经听到了四句。我大概需要十二分钟讲完，老实说这么简练的安排对我来说并不容易，因为我选择了一个和你们的祖先有关的复杂题目。当然不是你们生物学上的祖先，对此我一无所知，而是你们精神上的祖先，对此我略知一二。准确地说，我要跟你们谈两类人，他们生活在很多年以前，但是他们对我们的影响延续至今。他们是截然不同的两类人，代表相反的价值观和传统。我想今天这个日子非常适合回忆他们，因为早在你们意识到之前就已经站到其中一方的精神行列中了。

第一类人生活在大约两千五百年前我们今天称作希腊的地方，住在一个他们称为雅典的城市。我们很想了解他们的起源，可惜知之甚少。但我们却对他们的成就知道得很多。譬如，他们最早发展出完整的字母表，成为地球上第一个真正有文化的民族。他们发明了民主政治的理念，并加以实践，表现出的活力令我们汗颜。他们发明了我们称为哲学的东西，还发明了我们称为逻辑学和修辞学的东西。他们几近发明了我们所说的科学，其中一位名叫德谟克里特的人构想出了物质的原子理论，早于所有现代科学家两千三百年。他们谱写和咏唱的史诗具有无与伦比的美感和深度。他们创作和表演的戏剧在近三千年后的今天仍然具有让观众或哭或笑的魔力。甚至连我们今天的奥林匹克运动会也是他们发明的，而他们最为推崇的价值观是在一切事情上追求卓越。他们信奉理性。他们信奉美。他们信奉适度。他们发明了我们今天称之为生态学的语汇和概念。

大约两千年前，他们文化的活力衰退，这群人开始消失，但是他们的创造没有消失。他们的想象、艺术、政治、文学、语言散播到世界各地，以至于我们今天谈论任何话题很难不重述两千五百年前某些雅典人对此发表的见解。

第二类人生活在我们今天称作德国的地方，大约一千七百年前发展壮大。我们称他们为西哥特人，你们也许记得你们六年级或七年级的老师提到过他们。他们是极善骑术的民族，这大概是历史能够对他们做出的唯一好评。他们是掠夺者——残酷无情。他们的语言粗俗而浅薄。他们的艺术拙劣，甚至怪诞。他们横扫欧洲，沿路摧毁一切，并攻陷了罗马帝国。西哥特人最爱做的事情就是焚烧书籍、玷污建筑、捣毁艺术品。西哥特人没有给我们留下任何诗歌、戏剧、逻辑、科学、人道的政治。

和雅典人一样，西哥特人也消失了，但他们在消失之前带来了一个黑暗的时代。欧洲花了近千年的时间才从西哥特人的劫难中恢复过来。

现在，我想说的是雅典人和西哥特人仍然存在，他们是借助我们和我们的生活方式而存在的。在我们周围——在这个大厅里，在这个团体中，在我们的城市里——有些人看待世界的方法折射出雅典人的方式，有些人看待世界的方法与西哥特人如出一辙。当然我的意思不是说现代的雅典人在街上若有所思地漫步，朗诵诗歌和哲学，也不是说现代的西哥特人都是凶手。我是说做一个雅典人或者西哥特人，就是要围绕一套价值体系组织你的生活。雅典人代表一种理念。西哥特人也代表一种理念。让我来简要说明一下这些理念的内涵。

做一个雅典人，就是要将知识，尤其是对知识的追求，置于至高无上的地位。沉思、推理、实验、提问——这些对雅典人来说是一个人可以从事的最崇高的活动。而在一个西哥特人看来，追求知识毫无用处，除非它能帮你挣钱或者得到凌驾于他人之上的权力。

做一个雅典人，就是要珍视语言，因为语言被认为是人类最宝贵的礼物。雅典人对语言的运用追求优雅、准确和丰富。他们钦佩那些能够掌握这种技能的人。而对一个西哥特人而言，一个词和另一个词没有两样，一个句子跟另一个句子没有区别。除了陈词滥调，西哥特人的语言没有更高的追求。

做一个雅典人，就是要理解维系文明社会的那根线纤细而脆弱，所以，雅典人格外看重传统、社会节制和连续性。在一个雅典人看来，粗野的举止是对社会秩序的破坏。现代西哥特人对这些毫不在意。西哥特人认为自己是宇宙的中心，传统是为他们的便利而存在的，礼貌的言行是装模作样和负担，历史不过是昨天报纸上的东西。

做一个雅典人，就是要关注公共事务和公共行为的改善。古代雅典人甚至用一个词来称呼那些对此漠不关心的人。这个词就是“蠢人”，我们的词汇“白痴”就来自这个词。一个现代西哥特人只关心自己的事情，丝毫没有团体的概念。

最后，做一个雅典人，就是要尊崇纪律、技能和品味，这是为产生永恒的艺术所必需的。因此，雅典人通过学习和体验培养自己欣赏艺术品的想象力。而对一个西哥特人来说，除了流行，没有任何衡量艺术卓越的标准。吸引大众眼球的就是好的。西哥特人不尊重，甚至不承认其他任何标准。

现在，这一切跟你们有什么关系是显而易见的。最终，就像我们其余的人一样，你们必须站在一方或另一方。你们不是得做雅典人就是得做西哥特人。当然做雅典人要难得多，你们必须学习做雅典人，你们必须为此付出努力，而我们所有人在某种程度上都是天生的西哥特人。这就是为什么西哥特人远比雅典人多的原因。我还必须告诉你们，仅凭上学或累积文凭并不能使你成为雅典人。我的岳父是我认识的最纯正的雅典人之一，他成年后的生活都是在纽约第七大道当裁缝度过的。另一方面，我认识的一些医生、律师和工程师却是不折不扣的西哥特人。我还必须告诉你们一个让我既痛心又羞愧的事情，在我们的某些一流大学里，甚至就在这所大学，有那么一些教授，我们完全可以说他们是隐秘的西哥特人。然而，你们千万不要怀疑学校从根本上说是雅典人的创意。雅典的文化成就与这所大学的教师职能之间有着直接的联系。我很容易想象柏拉图、亚里士多德或者德谟克里特在我们的教室会有宾至如归之感。而一个西哥特人只会在墙上涂抹淫秽之物。

所以，不管你是否意识到，你上这所大学的目的就是让你瞥见雅典人的方式，并对它产生兴趣。我们今天不知道你们当中有多少人会选择这种方式，有多少人不会。你们还年轻，我们无法预见你们的未来。但是我想告诉你们，这也是我的结束语：我能对你们许下的最高的赞美莫过于未来传来这样的消息，在你们这一届毕业生中，雅典人在数量上远远多于西哥特人。

谢谢大家，祝贺你们。

（吴冬月　译，陈力川　校）

埃德加·莫兰
Edgar Morin

1921—

法国社会学家、哲学家、社会活动家。生于巴黎，父母为犹太裔意大利人。青少年时代正值战争阴霾笼罩欧洲。二战爆发后，法国被德军占领，时年二十岁的莫兰参加法共和抵抗运动。1950 年开始担任法国科研中心研究员。1955 年反对法国对阿尔及利亚的战争。20 世纪 60 年代，莫兰在法国布列塔尼地区开展跨学科文化考察，并在智利圣地亚哥拉丁美洲社会科学院任教，开始构建他的复合思维理论，并于 1997 年成立复合思维学会，发展和传播这一思想的方法论，在地中海国家、拉美和亚洲产生影响。莫兰在 1982 年出版的著作《有良知的科学》中首次提出复合思维的概念。1999 年，莫兰出版《聪明的头脑，重新思考改革，改造思想》一书，主张将被分离、割裂、切碎、分拣、归类的学科和知识领域连接起来，强调从环境和整体出发把握认识对象。1977—2004 年，莫兰出版六卷本代表作《方法论》，全面阐述他的复合思维理论。

本文是莫兰的一篇演讲录，他应联合国教科文组织（UNESCO）的邀请在此基础上撰写了一份建议书，题为《未来教育所需要的七种知识》，2000年出版。在这篇演讲中，莫兰指出：1. 所有的知识都含有谬误和错觉，究其根源，有个人的、文化的、历史的、范式的原因。2. 教育者应当讲授确切的知识，即在部分和整体之间往来如梭的知识，将支离破碎和分门别类的学科融会贯通。3. 个人—社会—物种之间的关系是三位一体的，统一性和多样性的矛盾是人类基本的生存状况。4. 有两个全球化，一个是经济的全球化，它通过市场进行；另一个是人权的全球化，它通过一种新型的世界公民的行动进行。全体地球人结成了一个命运共同体。5. 一定要正视不确定性，首先是个人的不确定性，其次是历史的不确定性。人类在未知的海洋上冒险，教育应当帮助我们面对这次冒险。6. 我们应当传授人类的理解。理解不仅在不同宗教和不同文化之间是必要的，在个人之间也是必要的。7. 既然地球是一个整体，人类需要一个共同的伦理来结束战争和四分五裂的状态，共建地球文明。莫兰这篇演讲的用意不是为学校制定一个全面的教学大纲，而是指出被目前的教育体系忽视和遗忘的问题。填补教育的七个黑洞可以使教员和学生获得一种跨越专业的文化能力，文科学生应该吸收科学知识，理工科学生应该思考他们的专业对社会和文化发展的作用。

莫兰

教育的七个黑洞

据我观察，在知识的传授中，有七个黑洞，也就是说七个基本问题，它们或被分解，或不为人知。在初等教育、中等教育和高等教育中皆如此。所以，我做的建议同样适用于这三级教育，当然可以根据高低灵活掌握。

第一个黑洞是无视知识的问题。这显得不合情理，因为教育正是提供和灌输知识的。不错，教育提供知识，但是从来不讲授什么是知识。知识不只是哲学家和认识论学者研究的问题。是的，所有知识都含有谬误和错觉。笛卡儿就说过，谬误的特点是不认为自己是谬误。要知道犯了错误必须具备识别错误的能力。

因此，传授知识就要对谬误和错觉产生的原因保持警觉。香农[1]的信息最低限度理论告诉我们，所有信息的传播都有扰乱、引发争议、传播谣言、歪曲事实的危险。当然，有一些修正的办法，但是信息不都是知识。我们甚至可以说，把信息加起来并不足以获得知识。回

1　劳德·艾尔伍德·香农（Claude Elwood Shannon，1916—2001），美国数学家，电子工程师，被称为信息理论的创始人。——译者注

头我还要谈到这个问题。我们的问题就是认识谬误的问题。我甚至要说，在生命世界，在动物世界，在猎物和猎手的世界，认识活动就是企图引诱猎物犯错误，以便将它吞噬。因此自然界中存在错误的问题。对人类说来，这个问题提出的层次更高，因为人类有思想，有幻想，而凡是有思想，有幻想的地方，就有产生错觉的可能。知识的问题可以让我们将哲学和今天我们称之为认识论的科学结合起来。

哲学的关键问题之一是思考知识的性质。有一点为18世纪末的哲学家康德所强调：我们自认为认识客体，但要知道这个认识对不对，认识首先要认识自己。在康德看来，人的大脑将自己的结构和范畴强加于外部世界，据此，它对现象产生了一种感知力。今天，大脑的科学以它的方式证实了这一说法：感官受到的刺激，例如光子使眼睛受到光亮的刺激，立即被一种二进制的语言译成电码，通过视觉神经传到大脑，大脑经过无数次处理产生了一种感知力。这意味着什么呢？人的大脑在一个保险箱，即颅骨当中，它从来不直接与外部世界接触，而是通过感官间接与外部世界联系，也就是说，所有最基本的知识都同时是翻译和重建。然而所有翻译都有犯错误的危险，意大利人就说：tradutore-traditore[1]

1　直译：译者—叛徒。意译：翻译即背叛。——译者注

（译者—叛徒）。我们也知道有一部分光亮的刺激，例如红外线，还有紫外线，都是我们眼睛看不到的。因此，自以为认识是不够的，必须真正知道这个知识是否确切。这意味着教育应该重视错误的根源，无论是个人的、文化的、历史的，还是范式的。

先说个人的根源。首先，在幻觉和感觉之间没有本质的区别。也就是说，如果我有一个幻觉，我相信这就是现实。只有当我向周围的人谈起这个幻觉的时候，他们才会使我幡然醒悟。换句话说，为了对我们看到的东西确信无疑，我们永远需要与他人交流。当我们阅读一篇文章，我们的眼睛跳过大量的字母，几乎是幻觉般地重建整体。也就是说，与我们阅读的东西合作的仍然是我们的大脑。我可以举一个可能让你们觉得粗俗的例子，却是最近发生在我身上的事情。我在离自己家不远的地方，突然想尿尿，这是上了点年纪的人经常遇到的情况。这时候，我看到一家我很熟悉的商店的招牌，上面写着"小便处"（urinoirs）。我真是又惊又喜，再一看，原来是"灯具"（luminaires）。很明显，那是一种心理投射。在错误的个人根源中，有一种被盎格鲁–撒克逊人称作 self deception（自欺），即对自己说谎。自欺有好几种形式：我们的大脑无意识地对我们的回忆和记忆重新加工，我们选择对我们有利的事实，剔除我们不喜欢的事实，我们以自我为中心重建过去，之后，这个自我暗示使我们忘记了自己的缺点，而将所有的罪恶，所有的坏处都归咎于他人。因此，错误就在我们身上。我认为教育很早就应该引用许多具体的例子向孩子和学生指出错误的可能性，而且还应该教他们学会正视自己，因为是什么可以帮助我们与自欺做斗争呢，是反省，如果可能的话，是自我批评式的反省，它永远需要别人的帮助。我们必须重新找回这个被人们遗忘的做法，它曾通过蒙田和普鲁斯特表现过它的美德，这就是研究自己精神复杂性的能力，因为每个人的精神都是复杂的。

在文化方面，尤其是在僵化的社会，有一些观念被当作明摆着的事强加于人，这些观念在人的童年打上了深深的烙印，铭刻在人的头脑中。所幸的是，即使在教条得极其可怕的社会，多样性也总能产生出几个倔强的、不信邪的人，但是对大部分人来说，这个烙印是非常深刻的，加上社会强加的标准化措施，使所有持反对意见的人都遭到排斥，有时甚至在肉体上被消灭。我们知道在科学的初始阶段，伽利略被迫做过检讨，乔尔丹诺（布鲁诺）在罗马遭火刑。当然，我们现在处于多元文化的时代。当然，科学活动本身具有可操控的手段，哪怕仅仅是通过辩论，说理，以及这样一个事实：所有人，无论他们的信仰和观点如何，都不能不承认某些观察和试验的结果。但是在人文科学领域，也可以说是伪人文科学领域，有些思想观念显得毋庸置疑，至少在讲师教授掌控大学权力的情况下是如此。幸亏这些思想观念在讲授者退休或死后就消失了。但是，让我们看一看科学的历史吧！19世纪，哪怕是在那些有过惊人发现的人看来，宇宙也是一架受决定论支配的机器，一个拉普拉斯[1]想象的聪明的精灵能够通晓过去和未来。还有一种化繁为简的理论认为我们可以通过认识基础的部分来认识整体。如今这些思想正在被扬弃。因此，只要你们观察，就会发现即使在检验程序从未间断的活动中也存在错误的根源。

在历史（historique）方面，我要说，如果你们允许我玩个文字游戏的话，存在歇斯底里（hystérique）的错误，例如，举一个离我们稍微远一点儿的例子，有关第一次世界大战的争论，那时在法国和德国都有一个很强大而且爱好和平的社会党，它们都明确反对战争的叫嚣。但是，战争一爆发，这两个党都各自加入了神圣同盟，此后，每个国家的宣传机器都将最卑鄙无耻的行径归咎于对方，整个战争期间都是如此，直到大家都厌倦了战争为止，但可惜已经太迟了。今天，同样的悲惨事件正在以相同的方式在中东地区重演，我们都知道消息

1 皮埃尔·西蒙·拉普拉斯（Pierre Simon Laplace，1749—1827），法国科学家，根据他的宇宙起源论假说，太阳系出自一个旋转的星云。——译者注

是怎么一回事，当然了，有些人喜欢将不利于他们的那部分消息掩藏起来，为的是突显对方的罪恶行径。

最后，是被人们称为范式的问题。对我来说，一个范式是由一些关键的概念和它们的逻辑关系组成的，它将对现实的某种看法强加于人。让我们举一个简单化的范式，它旨在通过动物界存在的现象来认识人。于是，猴子已经使用工具，蚂蚁有它们自己的社会，利他主义靠基因遗传，等等。于是，人被降低为动物。我们还可以举一个分离的范式，它欲通过排除人的动物性来认识人，这是在大学里基本上占主导地位的范式。生物系研究生理人，社会学系研究心理人和社会人，而实际上，两者组成的是一个不可分割的存在。真正的问题是在人与自然之间连续不断的、辩证的关系中认识人类，但是这样的范式是一种很难适应环境的文化。我们这个时代的知识，在我们看来是毋庸置疑的，对后代人来说却是远远不够，或者说是贫乏的。你们知道卡尔·马克思说过，“人不知道自己是什么，也不知道自己在做什么”，而他自以为知道人是什么，他们在做什么，但是他错了。帕斯卡尔说过，知识的领域在扩展的同时也增加了它与无知的领域的触点，实质上，我们知道得越多，我们对宇宙、自然、生命获得的知识越丰富，我们越走向神秘的深处。

这就是第一个黑洞，第二个黑洞可以与第一个联系起来。人们不讲授什么是确切的知识。然而，稍微了解一点儿认识心理学的人都知道，确切的知识并不是那些在形式化或数学程序上极端复杂的知识，而是能够将信息和数据放到背景中去的知识。大家都知道，一句话的意思取决于文章的上下文，这是所有做过将外文译成母语练习的人都知道的，这是一个从词到意，又从意到词的转化过程，最后重新建立意义。同样，有一天，你们听人谈到科索沃，这个词对你们来说很陌生。必须要建立一个背景，甚至只建立背景还不够，还必须了解古代历史，奥斯曼帝国的历史，共产主义危机的历史，巴尔干的历史。只有这时我们才开始明白科索沃是怎么回事。这是因为建立背景是非常必要的，我要说，这对技术工程项目同样重要。例如，纳赛尔[1]上校根据需要建造的阿斯旺水坝，是为了给社会和埃及经济提供能源，并且整治河流，阿斯旺水坝建得很好。只是人们之前没有想到，水坝将一部分能够肥沃尼罗河下游河谷的河泥挡住了，而且把尼罗河沿岸人民作为食物的一部分鱼也挡住了。你们知道埃及主要是尼罗河岸，其两边都是沙漠，因此，这导致向人满为患的城市移民，许多农民流

1 贾迈勒·阿卜杜勒·纳赛尔（1918—1970），埃及政治家，1956年担任埃及共和国总统，将苏伊士运河收归国有，1958年在苏联的援助下开始建造阿斯旺水坝。——译者注

离失所，甚至可以说，原来尼罗河虽然泛滥成灾，但在两三年内，河水肥沃了那片比河岸更宽广的地区，而今天人们发现堆积起来的河泥威胁到水坝的安全。人们做过许多这样的决定，尤其是在苏联，许多庞大的技术工程的实施都没有考虑后果和环境。因此，我认为，背景教学是知识的迫切需要。就拿经济学来说吧，它是技术上和数学上最发达的人文科学，为什么从人的观点来说，却是最落后的呢？从人的观点来说它是最落后的，因为它脱离了人的背景，脱离了人类社会多面向的特性。脱离了人的现实的经济是一个缺乏远见的经济。当然，人不能预料诸如目前的中东冲突再次造成石油价格上涨，同时股票在华尔街和其他地方下跌。一个能万无一失地预测人类现实的科学是不存在的，但是人们至少可以丢掉迷信预言的教条。所有教条主义的未来学家都垮台了，并从七十年代开始在舞台上销声匿迹。必须补充说，经济学靠计算运行，因为它要处理相当数量的数据。但是，如果经济学家最后相信唯一重要的现实是可以计算的现实，那么所有关乎人的生命、幸福、不幸、悲伤等就都消失了。经济学可以认识一切，处理、解决一切问题的经济信念是一个在九十年代占统治地位的幻觉，如今，这一信念正在四处破灭。

背景本身也需要它自己的背景，今天，知识应该参照总体。总体当然是我们这个地球的状况，这里面既有地方事件对整体的影响，也有整体行为对地方事件的影响，这是我们自伊拉克战争、南斯拉夫战争和目前的中东冲突以来都知道，而且可以验证的。让我们展开来说说帕斯卡尔在 17 世纪提出过的一个原则，他说："所有事物，哪怕是离我们最遥远的，相互间也是以一种令人难以觉察的方式联系在一起，如果我不了解全部，就不可能了解部分；如果我不了解部分，也就不可能了解全部。"什么是确切的知识？这就是在部分和整体之间往来如梭的知识，是尝试将部分放到整体之中的知识，但不是对整体的看法模糊不清的知识，整体是由部分之间的相互作用构成的，它反过来又对部分具有追溯效力。由于我们受制于支离破碎的知识和分门别类的知识，也就是那些使我们无法把握背景和整体的知识，我们就更应该讲授确切的知识。在我看来，被人们称作知识的文明，同时也是一个盲目的文明，因为我们既看不到总体的问题，又看不到基本的问题。当然了，专家们声称，只有一般的概念是不严肃的，但是为什么专家对什么是爱、善、政治、世界、真理有他的概念呢？这些概念也是空洞的、愚蠢的，可专家不也有这些一般的概念吗？因此，在我看来，必须将知识融会贯通。

第三个黑洞是人的同一性。奇怪的是，我们的同一性完全被教育大纲所忽略。正如我对你们说过的，你们可以在生物学中学到一点儿人的生理，在心理学中学到一点儿人的心理，等等。但你们知道人的真实性是不能撕裂的。我们是生活在一个社会中的个人，而且我们属于一个物种。请注意，我们存在于社会之中，但是这个社会就在我们身上，因为自从我们出生，就已经带有文化的烙印。我们属于一个物种，但是同时，这个物种就是我们自身，而且它的存在取决于我们。如果我们拒绝与异性配偶交配，我们这个物种就会灭绝。因此，个人—社会—物种之间的关系就像神圣的三位一体一样，其中的一位产生另一位，而且在另一位的身上存在。人的真实性是三位一体的。再者，我相信今天人们无法使所有的科学都集中到人的同一性上。解散某些学科将有利于促进这一融合。应该看到在 20 世纪下半叶，一个将许多学科集中到多学科科学中来的革命已经开始。宇宙学、地球科学、生态学、史前学就是如此。以宇宙学为例，为了想象宇宙太初的情况，它使用微观物理学，粒子加速器，还借助观察，以及对世界的哲学思考。例如，伟大的天体物理学家于贝尔·勒韦[1]，霍金[2]，米歇

1 于贝尔·勒韦（Hubert Reeves，1932— ），加拿大天体物理学家、宇宙学家、科普作家。——译者注

2 史蒂芬·威廉·霍金（Stephen William Hawking，1942—2018），英国理论物理学家、宇宙学家、作家。——译者注

尔·卡塞[1]等人，他们都在思考我们存在于其中的这个不可思议的宇宙。但是对于人的同一性来说，重要的是知道我们处在一个微不足道的、迷失在宇宙中的星球上。我们的使命不再是征服世界，像笛卡儿、培根、马克思曾经以为的那样。不，我们的使命是使我们被抛到上面的这个小小的星球文明。此外，地球科学证明，我们处在一个由宇宙残留物构成的星球上面，这些残留物是由以前的太阳的一次爆炸产生的，现在要弄清楚的是，这些聚集起来的残留物如何创造了某种组织——自组织，形成了我们的地球。还必须说明地球产生了生命，我们就是生命的孩子。生物学，进化论向我们揭示，我们身上带着的最初的活细胞是如何发展、繁殖和多样化的，尽管如此，当我们想到我们的同一性的时候，我们应当想到我们身上有宇宙初始阶段诞生的粒子，我们身上的碳原子来自现在的太阳之前的太阳，它们是由三个氦核同时相遇而产生的。我们知道分子和神经分子是在地球上形成的，我们知道我们是宇宙的孩子，同时由于我们的知识和我们的文化，我们又变成相对来说的陌生人。斯宾塞·布朗[2]曾说过："让我们来想象一下，宇宙想认

1 米歇尔·卡塞（Michel Cassé，1943— ），法国天体物理学家、作家。——译者注
2 斯宾塞·布朗（George Spencer Brown，1923—2016），英国数学家、哲学家、神秘主义者。——译者注

识自己。”它无法立即认识自己，必须要有一定的距离。我们想看自己的时候，我们要先把自己视为客体。所以，宇宙伸出了一肢手臂，相当于一个柄，在这个手臂的末端，它创造了一个有思维和认识能力的体系，当这个体系转向宇宙的时候，既可以说是成功了，也可以说是失败了。为什么说失败了呢？因为这个延伸物成为他归属的那个世界的陌生人。这就是我们的命运。我们是这个世界的孩子，相对而言又是这个世界的陌生人，对于人的同一性来说，知道这个属性，同时又知道这个陌生性是非常重要的。

此外，我们应该讲授从猿到人进化过程的知识——史前学。这个持续了几百万年的过程，以及在此过程中，两足直立、手、工具、大脑的发展导致火的使用和我们语言的产生，最后是人们称之为文化的东西，即不能通过遗传获得，而要学习的东西。所有这个过程向我们揭示了我们既是动物，又超越动物，同时让我们明白了一个最基本的问题，这就是人类的统一性和多样性。文化是不能遗传的东西，必须要学习，但是它只能与各种文化共存，而各种文化是非常不同的。语言也是这样，要与其他不同的语言共存。一种音乐的存在也有赖于其他音乐，也就是说，人的这个统一性只能通过不同的形式来实现，实际上，人类的丰富性可以产生这个多样性。哪怕仅仅是为了让我们这个地球上的人相互理解，也有必要把人想象成一个既是单数，又是复数的人。

我现在来谈第四个黑洞。这就是我们世界的处境，今天被人们称为全球化的东西，但是，你们知道，全球化只是一个进程的当下阶段，这个进程早在征服美洲和达·伽马[1]环球航行的时候就开始了。先是产生了一个可怕的细菌一体化，因为西欧的细菌蜂拥到美洲印第安居民的身上，接着是美洲的细菌又蜂拥到欧洲，当然还有迁移，番茄、马铃薯传到欧洲，拯救了欧洲的饥荒。马被运到美洲，但是，你们知道这并不是一个和谐的进程，而是一个伴随着凶杀、屠戮、武力统治、贩卖黑人的残暴过程，所有这一切孕育了这个被人们称作全球化的时代，与我们现代相对应的时代。20世纪的全球化时代也是经过两次世界大战，及一次世界危机形成的，也就是说，我们对这个现实有一种悲剧感，但是，这个现实有双重性，因为在殖民化和对美洲印第安人统治的同时，一个名叫巴托洛梅·德拉斯·卡萨斯[2]的神父（他是中世纪在西班牙受迫害而改信天主教的犹太人后裔）

1　瓦斯科·达·伽马（Vasco da Gama，1469—1524），葡萄牙航海家，1497—1499年首次绕过好望角，航行至印度，为日后葡萄牙的殖民扩张铺平道路。——译者注

2　巴托洛梅·德拉斯·卡萨斯（Bartolomé de las Casas，1474—1566），西班牙教士，反对西班牙征服者对印第安人的残暴压迫，著有《印第安史》，被称为世界上第一个普遍人权的实践者。——译者注

说：印第安人也是人。像我们一样，他们也有灵魂，完全不像西班牙神学家们所断言的那样，因为耶稣没有生在美洲，所以印第安人没有灵魂。还有蒙田，他坚持不同文明的价值理念。还有孟德斯鸠通过剖析自己对西方所做的自我批评。还有人权，当然，最初人权只属于统治者，后来为被统治者夺取，就像西欧发明的民族的概念，后来在20世纪风靡全球一样，就像民主的历史，刚刚诞生的时候羞羞答答，非常有限，今天也尚未在所有的地方生根发芽。但是我要说，有两个全球化，一个是今天的经济霸权、标准化，也就是市场的全球化；另一个是人权的，展现人类博爱的全球化，它通过一种新型的世界公民进行，他们是无疆界医生组织，国际特赦组织，保护土著民族的国际幸存者组织，绿色和平组织，以及其他组织的活动分子。

认识我们的星球是困难的：各式各样的进程——经济的、神话的、社会的——交织在一起，其复杂性对知识构成挑战。了解目前发生的事情已经很困难。奥尔特加·伊·加塞[1]说过："No sabemos lo que pasa，eso es lo que pasa。"（我们不知道发生了什么事情，这恰恰是发生的事情。）了解现时必须与它保持一定的距离 ，可是

1 奥尔特加·伊·加塞（Ortega y Gasset，1883—1955），西班牙历史学家，继康德的纯粹理性之后，提出生命理性的思想。——译者注

今天，一切都加快了，一切都变得复杂，了解现时几乎是不可能的。但要讲授的正是这个困难，要让学生知道，简单地说地球唯一重要的问题是人口、食物、原子弹，或者生态是不够的。有一大堆问题纠缠在一起。尤其是未来人类面临生死存亡的问题，核武器、生态受到威胁、民族主义浪潮汹涌，加上宗教推波助澜。今后，人类结成了一个命运共同体，这也是要揭示的。

我就此提出第五个黑洞：人们讲授确定性，然而需要讲授的恰恰是不确定性。今天，所有伟大的科学，从微观物理学到人类进化学都成为确定性和不确定性之间的赌博。在所有领域，特别是人类历史领域，必须讲授出人意料的事情。欧里庇得斯[1]在三部悲剧的结尾都说过："诸神为我们准备了意想不到的事情，我们期待的没有发生，而发生的是出乎我们意料的事情。"然而这个二千五百年前的思想，我们却一忘再忘。意料不到的事情不断发生，柏林墙的倒塌，南斯拉夫的战争，当中东和平进程似乎即将渡过最后几道难关就达到目标的时候，战争爆发，前功尽弃，一切又都成为问题。一定要正视不确定性，首先是个人的不确定性，因为尽管我们有社会医疗保险，我们每个人不仅不确定自己的

1　欧里庇得斯（Euripides，公元前480—前406），古希腊悲剧作家，代表作品有《美狄亚》《安德洛玛克》《特洛伊的妇女》。——译者注

死期——虽然知道死是必然的——而且不确定自己的命运。人们以为在爱情中找到了幸福，可是两三年以后，发现两个人都犯了错误。疾病总是对我们突然袭击。我们没有受过应付不确定性的锻炼。还有历史的不确定性。没有人再能预言几个月以后、明天、后天，世界会是什么样子。在这个昏暗的世界，我们被迫在充满不确定性的海洋上航行，时而穿行于确定的群岛之间，这就是人类的冒险。今天，我们知道这是未知的冒险，我们需要一种教育，能帮助我们面对这个冒险而不气馁。

第六个黑洞是传授人类的理解。理解不仅在不同宗教之间、不同文化之间是必要的，在我们之间也是必要的。令我非常惊讶的是，即使在同一个家庭，父母和子女之间，兄弟姐妹之间的关系也会因互不理解而受到破坏。为什么由于我前面谈到的某些进程、自我欺骗、自我辩解、极端自我中心、发生争论和家庭纠纷时缺乏理解力，这一切产生了一个恶性循环，一个人的愤怒引起另一个人的愤怒，而不是停止辱骂别人。如果不系统地、具体地进行理解教育，我们怎能期待人际关系哪怕有些许改善呢?

最后一个黑洞，简单地说，我刚才讲过，我们既是个人，又是一个物种的成员，一个社会的成员。如果有一个伦理，一个人类的伦理，它首先是一个个人的伦理，也就是说，为自己，为个人荣誉的伦理。但是，它同时也是一个为社会的伦理，社会只有是民主的才有意义，因为在一个民主的社会，一个公民应能感到与他人休戚相关，并对他人负有责任，因此有一部分伦理是为社会的。今天，地球既是一个整体，又四分五裂，应有一个全人类的伦理，也就是说，努力使我们超越这种混乱的状态，战争的状态，并开始让地球文明起来。

（陈力川　译）

社会篇

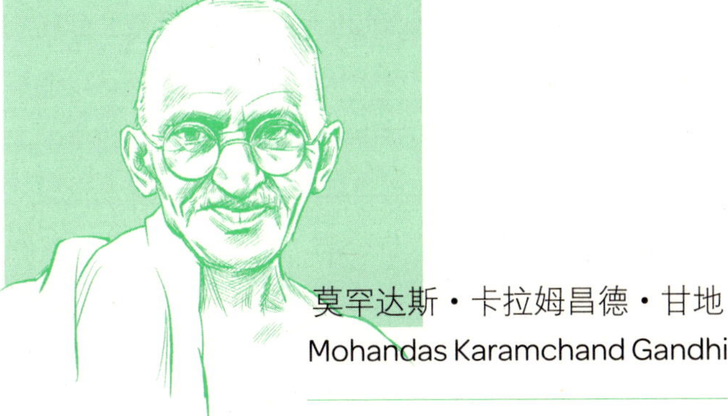

莫罕达斯·卡拉姆昌德·甘地

Mohandas Karamchand Gandhi

1869—1948

尊称“圣雄甘地”，意为“伟大的灵魂”，印度政治家，精神领袖，印度民族独立运动领导人，出生于古吉拉特邦的博尔本德尔（当时为土邦）。甘地十三岁依父母之命与一同龄文盲女孩结婚，十九岁赴英国留学，在伦敦大学学院学习法律，参加素食社团，阅读印度教《薄伽梵歌》，以及佛教和基督教典籍，1891 年 6 月取得法学学位并获得律师资格，回国后在孟买和家乡做律师，屡遭挫败。1893 年 4 月，甘地赴南非担任一家印度公司的法律顾问。其时，南非印度移民的公民权利和政治权利与黑人一样处于被剥夺的状态，受托尔斯泰和美国作家亨利·戴维·梭罗的作品《论公民的不服从》的启发，甘地以非暴力抵抗的方式领导南非印度移民反对种族歧视、争取平等权利的斗争，并取得成功。1915 年甘地回到印度，花一年时间游历各地，在之后的三十年间，领导国大党，以非暴力不合作为策略，发起三次大规模反抗英国殖民政府的人民运动，号召印度人放弃英国的称号、职位，抵制英国法庭、学校，抵制英货，反抗税法，等等，尤以 1930 年春要求取消食盐税的“食盐长征”声势最为浩大。英国政府邀请甘地于 1931 年赴伦敦参加讨论印度未来的圆桌会议，但未能取得成果。甘地曾先后在 1922 年、1930 年、1933 年和 1942 年四次被捕入狱，并多次绝食抗议。1947 年英国政府终于同意印度人民的独立要求，由于印度教徒和穆斯林的对立导致印度和巴基斯坦的分治，甘地极力维护国家统一的努力落空。1948 年 1 月 30 日，甘地在前往新德里的一个祷告会途中被南度蓝姆·高德西枪杀。

1921 年，印度国大党通过甘地起草的党纲，采纳了他曾在南非践行的非暴力不合作策略。之后甘地奔赴印度各地，经常在警察的跟踪和监视下对多达十万之众的集会群众发表演讲。在他的领导下，印度的抗英独立运动迅速形成燎原之势。1922 年，甘地因在他创刊的《年轻印度》上发表的三篇文章而被捕，并以颠覆罪被起诉。同年 3 月 23 日，甘地在阿布马达巴德的法庭上宣读了他的这篇陈述，其辩护思路不是根据现行法律证明自己无罪，而是直接指出现行法律本身的不公正性。他因此要求法庭对他判处最重的刑罚："在法律意义上我是蓄意犯罪，但在我看来这是履行公民的最高职责。"最后法庭在进退两难的情况下，判处甘地六年监禁，两年后将其释放。甘地的非暴力抵抗思想对世界各地被压迫者争取公民权利的斗争产生了深远的影响。

甘地

非暴力是我的第一个信条

非暴力是我的第一个信条，它也是我的最后一个信条，但我必须做出选择。我只能要么服从我认为已经对我的国家造成无法挽救的伤害的制度，要么引发从我嘴里得知真相的民众爆发狂怒的风险。我知道我的民众有时会失去理智，我对此深感歉意。因此我在这里要求的不是轻判，而是最重的刑罚。我不会祈求宽恕。我不会请求任何减刑。因此我在这里恳请法庭能对我处以最重的刑罚。依据法律，我蓄意犯下的罪行，在我看来却是公民应该履行的最大的义务。正如我在接下来的陈述中将要说明的，法官大人，摆在您面前的唯一道路，要么选择辞职，要么倘若您坚信您协助执行的制度和法律有益于民众，就请以最重的刑罚判处我。我对这样的转变不抱期望，但是等我念完我的陈述，您也许可以稍微了解是什么在我的胸中奔腾激荡，让一个头脑清醒的人甘冒这场最疯狂的风险。

城里人甚少了解半饥半饱的印度民众如何一步步沦落到活不下去的地步。他们也不甚了解他们生活中微乎其微的舒适状态是他们为外国剥削者效劳而得到的佣金换来的，而利润和佣金无不是从民众自身抽吸的。他们也几乎没有意识到在英属印度通过法律确立的统治是为了维系这种对民众的剥削。任何诡辩和数字把戏都无法解释为何肉眼所及会有无数的村庄出现那些骨瘦如柴的人群。倘若天上有神明，我毫不怀疑英国人和印度的城市居民要为这种史上空前绝后的反人类的罪行负责。这个国家的法律本身就一直在为外国剥削者服务。根据我对印度政治案的了解，可以下一个结论，即十个案件中有九个，被判刑的犯人是完全无辜的。在印度法庭上，一百个案件中有九十九个，印度人因为与欧洲人作对而得不到公正的审判。这绝不是耸人听闻。几乎所有与这些案子发生任何关联的印度人都有这样的感受。因此，在我看来，法律的施行在有意或无意间为剥削者开了方便之门。

英国人和协助他们管理这个国家的印度人并不知道他们都参与到我试图描述的这桩罪行中，这是最大的不幸。我敢打包票，不少英国和印度官员真心相信他们实行的是世人设想的最好的制度之一，印度正在取得缓慢但稳定的进步。他们不知道一边实行巧妙但有效的恐怖政策，有组织地展示武力，一边剥夺报复或自卫的所有能力，结果只会使整个民族失去气概，养成装模作样的习性。这种糟糕的习性加剧了执政者的无知和自欺欺人。我欣然接受指控触犯的第 123-A 条也许堪称《印度刑法典》政治条款中压制公民自由的核心。法律无法制造或者管制感情。一个人倘若对任何人或者事没有好感，他理应享有充分表达不满的自由权利，只要他不考虑诉诸暴力、刺激或煽动暴力。但是我和班科先生被指控触犯的条款规定，不满的情绪稍有表露就是犯罪。我研究了几个触犯这项条款而受审的案例，发现有几位最受爱戴的印度爱国人士都曾被判有罪。我因此反而觉得自己遭到类似的指控是一种荣幸。我已经试图用最简明扼要的方式说明我感到不满的原因。我对任何一个行政人员没有个人的厌恶感，更不会对国王本人怀有任何怨恨。但是总体而言，一种政体对印度造成比之前任何体制都要大的伤害，我认为不满这样的体制是一种德行。印度在英国的统治下大大消减了她之前展现的英雄气魄。秉持这样的信念，我认为亲近这种体制是一种罪恶。我能够在诸篇文章中畅所欲言，对我来说也是一种难得的机会，哪怕这些文章最终被举证成为对我不利的证据。

事实上，我认为我已经为印度和英国尽了绵薄之力，不合作指明了摆脱双方都深陷其中的有违人性状态的道路。以我的拙见，不与恶合作如同与善合作，都是应尽的义务。但是在过去，不合作的表达方式是对作恶者蓄意施加暴力。我正在努力向我的同胞们说明暴力的不合作只能助长罪恶，既然恶只有借助暴力才能维系，那么要让恶独木难支，就必须完全戒除暴力。非暴力意味着要为不与恶同流合污而自愿接受惩罚。因此我在这里欣然恳请法庭判处我最重的刑罚，在法律意义上我是蓄意犯罪，但在我看来这是履行公民的最高职责。法官大人和陪审员们，摆在你们面前的唯一道路是，如果你们觉得自己依循治理的法律是一种恶，我实际上是无辜的，就请主动辞职与恶划清界限；如果你们坚信你们协助实行的制度和法律有益于这个国家的民众，因此我的活动对公众的福祉有害，就请予我以最重的刑罚。

（吴冬月　译，陈力川　校）

查理·卓别林

Charlie Chaplin

1889—1977

英国喜剧演员、导演、反战人士。生于伦敦，父母是职业歌手，6 岁丧父，卓别林和同父异母的哥哥西德尼被送进孤儿学校，后来一度流浪，当过报童、小贩、玻璃厂的童工和印刷厂的学徒，生活贫苦。1909 年经哥哥介绍进入卡尔诺剧团，扮演小丑，1910 年随该剧团首次到美国巡演，1912 年再次赴美，两年后第一次出演电影《谋生之路》。1919 年卓别林创建自己的好莱坞公司。在六十五年的艺术生涯中，出演过八十部电影，创造了许多不朽的杰作，特别是在无声电影时代，他以精湛的默剧技巧成为闻名世界的喜剧演员，代表作有《寻子遇仙记》《淘金者》《城市之光》《摩登时代》《大独裁者》《凡尔杜先生》《舞台生涯》等。在麦卡锡时代，卓别林被怀疑有亲共倾向，美国联邦调查局建立了他的秘密档案。1952 年卓别林携家眷去伦敦参加《舞台生涯》首映式，美国司法部宣布取消他的入境签证，卓别林移居瑞士，1957 年自导自演了讽刺美国政治和社会的影片《一个国王在纽约》。旅欧期间，卓别林见了毕加索、伊丽莎白二世、戴高乐、赫鲁晓夫和周恩来等人。卓别林于 1929 年和 1972 年两次获得奥斯卡荣誉奖，1973 年奥斯卡还为他 1952 年创作的《舞台生涯》补发了最佳原创音乐奖。他创作的六部电影被美国国会图书馆登记为“在文化、历史和艺术上具有重要意义的影片”。他还获得过威尼斯电影节终身成就金狮奖（1972）和英国电影艺术学院终身成就奖（1976）。1975 年英国女王伊丽莎白二世授予卓别林大英帝国爵士勋章。他无疑是 20 世纪最伟大的文化名人之一。

这是一篇特别的演讲，选自电影《大独裁者》(The Great Dictator)，查理·卓别林自编自导自演的第一部有声电影，于1940年在美国首映。影片以第二次世界大战为背景，卓别林在片中扮演两个主要角色：一个是在第一次世界大战中负伤退役的犹太理发师查理，一个是托曼尼亚国（影射纳粹德国）的大独裁者和战争狂人阿迪诺伊德·亨克尔，两人都留着一撮小胡子，造型酷似希特勒。影片结尾，查理为了逃避纳粹对犹太人的迫害，身着军装，和他在一战中救过的军官舒尔茨一起逃亡，由于查理和大独裁者相貌一样，被边境守军误作亨克尔本人，对他施以元首的礼遇，并请他回首都发表一场演说。迫不得已的查理将错就错，发表了一篇卓别林政治理想的宣言：谴责毒化人民的灵魂、筑起仇恨的壁垒、制造屠杀和贫困的独裁者和战争狂人，呼吁战士为自由而战，呼吁人民团结友爱，摆脱奴役，建设一个和平民主的世界。“我们想把生活建立在彼此的幸福而非痛苦之上。”演说结束时，查理呼唤他的犹太女友汉娜抬起头来，遥看光明的希望。影片在汉娜面带笑容向天空望去中结束。或许是命运的安排，卓别林的生日比希特勒大四天，在世人的心目中，前者是人道主义的代表，后者是种族主义的代表。

卓别林

要为自由而战

很抱歉，我不想当皇帝——那不是我的行当。我不想统治或征服任何人。如果可能，我倒想帮助每一个人——无论是犹太人还是非犹太人，黑人还是白人。我们都想互相帮助，人类就应当这样。我们想把生活建立在彼此的幸福而非痛苦之上。我们不想彼此仇恨和鄙视。这个世界有可供每个人生存的空间，仁慈而富饶的大地可以养活所有人。

生活的道路可以是自由和美好的。

但我们却迷失了方向。

贪婪毒害了人类的灵魂，给世界筑起仇恨的篱障，一步步地逼迫我们堕入苦难和杀戮的深渊。我们提升了速度却封闭了自我。机器带来了富足，却让我们陷入匮乏。我们的知识让我们变得玩世不恭，我们的聪明乖巧让我们冷酷无情。我们用脑太多，用情太少。我们需要的不是机器，而是人性。我们需要的不是聪明伶俐，而是善良和仁慈。没有这些品质，生活将充斥暴力，一切都将覆水难收。

飞机和无线电缩短了我们之间的距离。这些发明的本质都是为了呼唤人性的善，呼唤人类的手足之情和我们的团结。就在此刻，世界上有千百万人听到了我的声音，千百万在绝望中煎熬的男人、女人和孩子，他们都是一个制度的受害者，这个制度使人受尽折磨，把无辜的人关进监狱。

对那些能够听见我说话的人，我想说："不要绝望。"现在施加在我们身上的痛苦只是贪婪的一时得逞，是那些害怕人类走上进步之路的人发泄的愤恨。人类的仇恨终将过去，独裁者难逃死亡的宿命；他们从民众那里夺走的权力终将回归民众；人终有一死，自由永不灭亡。

士兵们，不要为野蛮人卖命，他们鄙视你们，奴役你们，管控你们的生活，吩咐你们做什么，想什么，感受什么；他们操练你们，限制你们的伙食，待你们如牛马，拿你们当炮灰。不要为那些没有人性的人卖命，这是一帮机器人，长着机器的脑袋，机器的心肝！你们不是机器！你们不是牛马！你们是人！你们心中蕴藏着人类的爱。仇恨不属于你们，只属于那些没有得到爱的人，没有得到爱和没有人性的人。

士兵们，不要为奴役而战！要为自由而战！《路加福音》第十七章写道，"神的国就在你们心中"——不是在一个人或一群人当中，而是在所有人当中，在你们当中！你们人民有力量，制造机器的力量，创造幸福的力量。你们人民有力量创造自由美好的生活，使生活变成一段绝妙的旅程。

那么，让我们以民主的名义发力吧！让我们团结起来！！让我们为一个新世界而战，那将是一个公平的世界，能给你们提供工作的机会，赋予你们未来，让人们老有所养。野蛮人用这些诺言窃取了权力，但他们在说谎！他们没有履行诺言，而且永远不会履行诺言。独裁者们自己享受自由，却将民众沦为奴隶！！现在，让我们为诺言的实现而战！！让我们为解放世界、驱除民族隔阂、消除贪婪、仇恨和褊狭而战。让我们为一个理性的世界而战，在那里，科学和进步将造福于所有人。

战士们：让我们以民主的名义团结起来！！

汉娜，你能听见我说话吗？不管你身在何方，抬头看看吧，汉娜。重云正在消散，太阳破空而出。我们正从黑暗迈向光明。我们即将来到一个新的世界，一个更为仁慈的世界，人类将超越自身的仇恨、贪婪和残忍的局限。

抬头看看吧，汉娜。人类的灵魂被插上翅膀，他终于开始飞翔了。他正飞向彩虹——飞向希望之光，飞向未来，那是属于你、属于我、属于我们所有人的光荣的未来。

抬头看看吧，汉娜。抬头看！

（吴冬月　译，陈力川　校）

温斯顿·丘吉尔
Winston Churchill

1874—1965

英国政治家、历史学家、作家，生于英格兰牛津郡伍德斯托克的一个贵族家庭，母亲是美国人，父亲伦道夫·斯宾塞·丘吉尔勋爵曾担任英国印度事务部大臣和财政大臣。丘吉尔就读哈罗公学时成绩不佳，连考三次才进入桑德赫斯特皇家军事学院，1895 年毕业后，任轻骑兵团陆军中尉，但他不满足于按部就班升迁的军旅生涯，曾先后在古巴、印度和南非做随军记者，1899 年英布战争中在南非被俘，独自越狱成功，1900 年返回英国，开始长达半个多世纪的政治生涯，历任保守党和自由党的下议院议员、内政大臣、海军大臣、军需大臣、陆军大臣兼空军大臣、殖民地大臣等职务。20 世纪 30 年代，丘吉尔反对英国首相张伯伦的绥靖政策，多次呼吁警惕纳粹德国的威胁，但朝野对他的警告置若罔闻。1939 年二战爆发后，丘吉尔被任命为第一海军大臣，1940 年临危受命，代替张伯伦组战时内阁，并出任首相，1941 年 8 月 14 日与美国总统罗斯福签署著名的《大西洋宪章》，建立英美两国反法西斯的政治联盟，此举为后来的联合国宪章奠定了基础。丘吉尔还改变一贯反共的立场，联合斯大林共同抗击纳粹德国，成为国际反法西斯阵营的最重要的政治领袖之一，他以钢铁般的意志领导英国人民赢得第二次世界大战的胜利。战后下野，撰写《第二次世界大战回忆录》。1946 年访问美国，发表了标志美苏冷战开始的《铁幕演说》。1951 至 1955 年再度出任首相。1953 年丘吉尔“因精通历史和传记艺术，以及捍卫崇高的人类价值的光辉演说”而获得诺贝尔文学奖。1965 年 1 月 24 日，因中风去世。2002 年 BBC 举行“100 名最伟大的英国人”的票选活动，丘吉尔名列榜首。

1941年10月29日，正值欧洲大陆遭到纳粹德国的蹂躏，反法西斯战争进入最艰难的时刻，丘吉尔再次回到他曾经就读的哈罗公学，学生们为他唱起一首熟悉的校歌，其中有一段新增加的歌词：

在此至暗时刻，我们依旧赞美
我们国家的领袖，
丘吉尔的名字必将赢得
每一新生代的称颂。
阁下，您在危急关头
捍卫了我们的自由！
阁下，战斗虽然漫长，我们坚信
胜利终将属于我们！

在随后的演讲中，丘吉尔将歌词中的“在此至暗时刻”改为“在此严峻时刻”，他解释说：“这不是黑暗时刻，而是伟大的时刻——是我们的国家经历过的最伟大的时刻。”以此激励英国人民不要被事物的表象欺骗，绝不向敌人屈服。丘吉尔一生非常重视语言的力量，尽管他天生有发音含糊不清的缺陷，但无论在战争还是和平年代，都能将他富有感染力的演说才能发挥到极致，曾被美国杂志《人物》列为百年来世界最有说服力的八大演说家之一。

丘吉尔

永不屈服

将近一年前，我应你们校长的友好邀请来到这里唱了几首我们自己的歌曲，激励我自己，也激励我的几位朋友的心。过去十个月见证了世界上非常恐怖的灾难事件——跌宕起伏和不幸——但是今天下午，这个十月的午后，在座的有哪位能够不为过去这段时间内发生的一切、不为我们的国家和我们的家庭大大改善的处境而心怀深深的感恩呢？难道不是吗？我上次在这里的时候，我们还孤立无援，几近绝望，而且那种状况已经持续了五六个月。当时我们装备非常差，今天我们的装备有了改善，但在当时，我们的装备真的很差。当时我们面临着来自敌人的无法估量的武力威胁，他们的空袭仍在我们头顶肆虐，你们都对这种袭击有了经验；我猜想你们开始对出现这么长时间的间歇而毫无动静感到不耐烦了吧！

但是我们必须既学会应对短促而激烈的事件，也要适应漫长而艰巨的形势。人们通常说英国人擅长后发制人，他们不希望从一个危机陷入另一个危机，也不会期待每一天都带来崇高的战争机会。但是，一旦他们慢慢下定决心必须做某件事情，或者某项工作必须推进完成，那么他们就一定会付诸行动，即使要耗费数月，乃至数年的时间。

倘若我们回想一下十个月前在这里的聚会，对照现在，我想我们可以得到的另外一个体悟就是表象往往非常具有欺骗性，吉卜林说得好，我们势必会“……面对胜利和灾难。对这两个骗子要一视同仁”。

你无法从表象预测事态的走向。有时想象会把事情变得比实际状况糟糕得多，然而没有想象，人们又一事无成。那些想象力丰富的人看到的危险比可能存在的多得多，当然也比将会发生的多得多；那么他们也必须祈祷得到更多的勇气来承担这高远的想象力。当然对每个人而言，我们这个时期经历的一切——我说的是在座各位——从过去十个月得到的一个信念是：永不屈服，永不屈服，永不，永不，永不，永不——无论大事小情——永不屈服，除了向荣誉和良知的信念。永不向武力屈服，永不向敌人明显压倒性的力量屈服。一年之前我们势孤力单，在很多国家看来，我们好像末日临头，注定覆灭。我们所有的这些传统、我们的歌曲、我们学校的历史、这个国家的这段历史都将灰飞烟灭，荡然无存。

时至今日，心境已大不相同。其他国家以为英国要自掘坟墓，但是我们的国家却屹然挺立。我们没有退缩，也没有任何屈服的念头。这在英伦三岛之外的人看来几乎是一个奇迹，而我们自身对此从未怀疑，我们如今正处于这样一种局面，我敢断言只要我们坚持就必定会取得胜利。

你们之前在这里唱了一首校歌的一段歌词，你们演唱这段外加的歌词向我致敬，我深感荣幸，今天你们再次唱起。但是其中有一个词我想修改一下——我去年就想这么做了，但是没有冒昧提出。这一句歌词是“在此至暗时刻，我们依旧赞美”。

我征得校长的同意将“至暗时刻”改为“严峻时刻”。“在此严峻时刻，我们依旧赞美”。

我们不要说至暗时刻，说严峻时刻吧。这不是黑暗的时刻，而是伟大的时刻——是我们的国家经历过的最伟大的时刻；我们都应该感谢上帝允许我们每个人根据自己所处的位置做出贡献，让这些日子在我们民族的历史上不被忘却。

（吴冬月　译，陈力川　校）

伯特兰·罗素
Bertrand Russell

1872—1970

英国哲学家、数学家和逻辑学家，生于威尔士的一个贵族家庭，年幼时失去双亲和祖父，由祖母抚养，启蒙教育来自家庭教师，教父是哲学家约翰·斯图亚特·密尔。贵族家庭的清规戒律导致他离经叛道的个性。1890 年罗素进入剑桥大学三一学院，在学习数学、哲学和逻辑学中获得无限的乐趣。罗素在 1900 年就认识到数学是逻辑学的一部分，并试图建立形式逻辑的数学体系，1910—1913 年，他和师友怀特海发表了三卷本的《数学原理》。在哲学领域，罗素与乔治·爱德华·摩尔、弗雷格、怀特海，以及他的学生维特根斯坦共同创立了逻辑分析哲学。1910 年罗素成为剑桥三一学院的讲师。1915 年因批评对拒服兵役者判刑而被罚款，失去剑桥大学三一学院的教职。1918

年因批评美国动用警察镇压罢工被判刑六个月，在狱中完成了《数理哲学导论》一书，出狱后靠出版物理、伦理和教育方面的书籍谋生。1920年罗素访问俄国、中国，与美国哲学家杜威同时在北京讲学，回国后著有《中国问题》一书。1931年罗素的哥哥富兰克去世，罗素继承爵位。在教育方面，罗素主张学生的言行举止不应受到约束和限制，教育的基本目的应该是培养“活力、勇气、敏感、智慧”四种品质，并在这一思想指导下和他的第二任妻子多拉·勃拉克于1927年创立了一所试验学校。1939年罗素旅居美国，先在加利福尼亚大学洛杉矶分校讲学，后被聘为纽约城市大学教授，但地方法院以他在“道德上”无法胜任这一教职取消其教授资格；1944年回到英国，重新执教于剑桥三一学院；1945年出版他的代表作《西方哲学史》；1949年被选为英国科学院荣誉院士；1950年获得“大不列颠帝国荣誉勋章”；1950年，因为“表彰他所写的捍卫了人道主义理想和思想自由的多样而意义重大的作品”被授予诺贝尔文学奖。1958年，为促进核裁军活动，罗素创立非暴力反抗运动百人委员会。1961年，八十九岁高龄的罗素因参加一个在伦敦举行的反核游行被拘禁七天，法官建议他签一份保证书免除拘禁，遭罗素拒绝。60年代末，罗素出版三卷本《自传》，他在序言中写道：“三种单纯而又极其强烈的激情支配着我的一生。那就是对于爱的渴望，对于知识的追求，以及对于人类苦难的痛彻肺腑的怜悯。”1963 年伯特兰 · 罗素基金会成立，致力于和平、社会公正及人权事业。1967 年他与萨特成立一个被称作“罗素法庭”的民间机构，审判美国越战的罪行。在宗教方面，罗素是一个不可知论者和怀疑论者，著有《我为什么不是基督徒》。1970 年去世，骨灰被撒在威尔士的群山之中。

1953 年 8 月，苏联宣布氢弹试验成功，当量为 40 万吨，成为第一个拥有这一大规模毁灭性武器的国家。1954 年 3 月，美国的第一颗实用型氢弹在比基尼岛试爆成功，当量高达 1500 万吨。在东西方冷战的严峻形势下，罗素深切地意识到热核武器可能给人类带来的毁灭性灾难。1955 年 7 月 9 日，在帕格沃什科学和世界事务会议上，罗素代表十名诺贝尔奖得主发表了这篇著名的宣言（简称《罗素－爱因斯坦宣言》），他开宗明义地指出他们是抛开国家和信仰，以人类成员的资格发言，目的不是帮助任何一个集团获得军事上的胜利，而是采取措施阻止一场其结局对各方都是灾难的军事竞赛，正视“我们要置人类于末日，还是弃绝战争”的问题。罗素认为签署废除核武器的协议并不是终极的解决方案，因为不管在和平时期达成什么样的协议，战争一旦爆发，都会失去约束力，双方都会争先恐后地制造氢弹。关键问题是各国政府应达成通过和平方式解决国际争端的共识。1957 年 5 月，罗素的祖国——英国在太平洋圣诞岛上进行了首次氢弹试验，成为第三个拥有氢弹的国家。《罗素－爱因斯坦宣言》的签署人之一，物理学家约瑟夫·罗特布拉特与帕格沃什科学和世界事务会议因在核裁军上的努力而获得了1995年诺贝尔和平奖。

罗素

置人类于末日，还是弃绝战争？

在人类面临的悲惨局势下，我们感到科学家应该集会，评估大规模杀伤性武器的研发所带来的危险，并本着所附草案的精神讨论一项决议。

此时此刻，我们不是作为这个或那个国家、大陆或信仰的成员发言，而是作为人类这个能否续存已成为疑问的物种的一员发言。这个世界充斥着各种冲突，而使所有小规模冲突相形见绌的是共产主义和反共产主义之间的巨大斗争。

几乎每个有政治意识的人都会对其中一个或多个问题有强烈的感受，但是我们希望你们尽可能将这样的感受放在一边，只把自己当作一个生物物种的成员，这个物种有着非凡的历史，我们谁都不愿看到它的灭绝。

我们将尽量不说任何讨一个集团喜欢而让另一个集团不喜欢的字眼。所有人都同样处于危险之中，只有大家了解了这个危险，才会有共同规避危险的希望。

我们必须学会用新的方式思考。我们要学会问自己的不是可以采取什么措施让我们倾向的任何一个集团获得军事上的胜利，因为这样的措施已不复存在；我们必须向自己提出的问题是：可以采取什么样的措施阻止一场其结局注定对各方都是灾难的军事竞赛？

普通公众，甚至许多身居要位的人，都没有认识到卷入核弹战争会是什么后果。普通公众仍然把它想象为城市的毁灭。大家都知道新型核弹比旧型核弹的威力大得多，一枚原子弹可以摧毁广岛，而一枚氢弹则可以摧毁像伦敦、纽约、莫斯科这样的最大型城市。

毋庸置疑，在氢弹战争中，大城市将被毁灭。但这只是人类将要面对的小灾难之一。倘若伦敦、纽约、莫斯科的市民全部被灭绝，这个世界还是可以在几个世纪内从这个打击中恢复过来。但我们现在知道，尤其是在比基尼岛核试验之后，核弹的破坏力逐渐扩散到的范围远远超出预期。

根据可靠的权威人士，现在能制造出的核弹，其威力比摧毁广岛的原子弹大两千五百倍。

这样一颗核弹倘若在接近地面时或在水下爆炸，将会向高空散发出放射性的粒子。这些粒子会逐渐下沉并化为致命的尘埃或者雨水落到地表。正是这种尘埃使日本渔民和他们捕获的鱼群受到污染。

没有人知道这种致命的放射性粒子会扩散到多远，但是最可靠的权威人士异口同声地说氢弹战争很可能使人类走向终结。人们担心如果许多氢弹投入使用，人类将会整体灭绝，仅有少数人会突然死亡，多数人会遭受疾病和身体衰竭的漫长折磨。

杰出的科学家和军事战略权威人士纷纷发出警告。他们谁都不会说最坏的结果必定会发生。他们只是说这些结果是可能的，没有人能够保证它们不会成为现实。我们没有发现专家们的这些看法受到他们的政治观点或者偏见的左右。我们的研究显示，专家的看法仅仅取决于每个人自己的知识范围。我们发现知道最多的人最为悲观。

这就是我们要向你们提出的一个严峻、可怕却无法逃避的问题：我们要置人类于末日，还是应弃绝战争？人们不敢正视这个抉择，因为废除战争是非常困难的。

废除战争要求对国家主权施加种种令人不快的限制。但是对局势的理解构成最大障碍的还是“人类”这个模糊和抽象的词汇。人们很难通过想象意识到危险不仅仅是对被模糊理解的人类，而是对他们自己和他们的子孙后代。他们很难意识到他们自身以及他们所爱的那些人随时处于痛苦死去的危险之中。于是他们希望只要禁止现代武器，或许可以允许战争继续存在。

这种希望是幻想。无论在和平时期达成什么样的禁用氢弹的协议，在战争时期都将不再具有约束力，战争一旦爆发，双方都会着手制造氢弹，因为，倘若一方制造了氢弹，而另一方没有，制造氢弹的一方毫无悬念将会赢得战争。

尽管作为普遍裁军一部分的废除核武器协议并不能提供终极的解决方案，但还是会有利于达到某些目标。

首先，任何东西方之间的协议只要有助于缓和紧张局势都是好的。其次，倘若双方都相信对方销毁热核武器的做法是真诚的，就会减轻自身遭到珍珠港式突然袭击的恐惧，这种恐惧目前使双方都处于神经质的不安状态。因此，我们应该欢迎这样的协议，哪怕仅仅是第一步。

我们多数人在感情上并不是中立的，但是作为人类，我们必须铭记，东西方之间问题的解决倘若要让任何人满意，无论他是共产主义者还是反共产主义者，无论他们是亚洲人、欧洲人或是美洲人，无论是白种人还是黑种人，就不能诉诸战争。我们希望东西方能够对此达成共识。

如果我们做出这样的选择，摆在我们面前的就是幸福、知识、智慧的不断进步。难道我们要因为无法忘记争端而选择死亡吗？作为人，我们要向人类呼吁：记住你们的人性，忘却其他。如果你们能够这么做，前方的道路将通向一个新的天堂；如果你们不能这么做，将会面临普遍毁灭的危险。

决议：

我们恳请本次大会，并通过大会邀请全世界的科学家和公众签署支持下面这项决议：

“鉴于在未来任何世界大战中核武器必将被使用并对人类的续存造成威胁的事实，我们敦促世界各国政府意识到并公开承认自身的目标并不能通过世界大战达成，因此，我们敦促他们能够寻找和平的方式解决他们之间的所有争端。”

署名人：

马克斯·玻恩

珀西·布里奇曼

阿尔伯特·爱因斯坦

利奥波德·英费尔德

弗雷德里克·约里奥·居里

赫尔曼·约瑟夫·穆勒

莱纳斯·卡尔·鲍林

塞西尔·弗兰克·鲍威尔

约瑟夫·罗特布拉特

伯特兰·罗素

汤川秀树

（吴冬月　译，陈力川　校）

马丁·路德·金

Martin Luther King

1929—1968

美国牧师、社会活动家、黑人民权运动领袖，生于亚特兰大，父亲是浸信会牧师，母亲是教堂管风琴师。金本名迈克尔，其父仰慕16世纪德国宗教改革领袖马丁·路德，于1934年将父子二人的名字改为马丁·路德·金。小马丁·路德·金于1948年进入宾夕法尼亚州的克鲁泽神学院，1951年获得神学学士学位，同年进入波士顿大学神学院，1955年获得神学博士学位。1955年12月，他被推选为亚拉巴马州蒙哥马利市有色人种改进协会主席，领导了蒙哥马利黑人罢乘公交车的运动。这场运动持续了385天，金曾被捕入狱，最终以美国联邦地区法院宣布终止蒙哥马利公交车种族隔离制度而告终。1958年9月，金遭一名疑似患有精神病的黑人妇女持刀行刺，险些丧命。1959年初，金访问印度，受到甘地非暴力抵抗思想的吸引，坚信受暴力之害比对人施加暴力要好。1960年初，他返回亚特兰大，成为埃比尼泽浸信会牧师，并全力领导自1957年担任主席的南方基督教领袖会。1963年4月，南方基督教领袖会在伯明翰发起了一场抵制种族隔离和经济不公正的抗议运动，运动初期金被捕入狱，在牢房中，金撰写了著名的《伯明翰狱中书信》，号召抗议群众寻求法律途径变革社会。他说："我们亲历的苦难告诉我们，压迫者永远不会自愿给予被压迫者以自由，自由是需要被压迫者去争取的。"同年8月28日，金组织了约25万人参加的"为了工作与自由，向华盛顿进军"的游行，在林肯纪念堂的台阶上发表了《我有一个梦想》的著名演讲。1964年，马丁·路德·金被授予诺贝尔和平奖。1967年4月4日，金在纽约河畔教堂发表《越南背后：打破沉默的时刻》的反战演说。一年后，金前往孟菲斯市协助黑人清洁工人组织罢工，下榻洛林汽车旅馆，当晚在二楼阳台上与人交谈时，被隐藏在街对面一幢公寓里的刺客詹姆斯·厄尔·雷开枪击中，抢救无效逝世，年仅三十九岁。1986年1月，美国总统里根签署法令，将每年一月的第三个星期一定为马丁·路德·金全国纪念日。

16~19世纪，欧洲殖民者掳掠非洲黑人，将他们作为廉价劳动力贩卖到美洲，史称大西洋奴隶贸易。在大约400年间，至少有1200万黑人从非洲被贩卖到美洲为奴，这还不包括大量在海运途中死亡的人数。1807年，美国国会投票，以压倒性的优势废除了大西洋奴隶贸易，但是没有废止国内奴隶买卖。南北战争期间，林肯总统签署和实施了《解放黑人奴隶宣言》(1862，1863)，黑人终于在法律上获得自由，但没有得到政治权利，也没有分到土地，奴隶制度长期造成的种族歧视仍然根深蒂固。一百多年后的20世纪中叶，种族歧视和种族压迫现象仍然十分严重，黑人仍然是下等公民，不能参加选举，在南方的许多州，黑人不能在白人开的餐馆就餐，许多公共场所挂着“仅限白人”的牌子，在公共汽车上黑人只能坐在后车厢，车的中部虽然允许黑人坐，但有白人上车，黑人必须给白人让座。马丁·路德·金领导的黑人民权运动正是在这种情况下爆发的。1963年8月28日，面对聚集在林肯纪念堂前的25万黑人和白人群众，马丁·路德·金发表了这篇《我有一个梦想》的著名演讲，他将林肯总统一百年前签署的《解放黑人奴隶宣言》比喻为发出希望之光的灯塔和结束长夜禁锢的黎明。然而，美国并没有履行这项神圣的义务，只是给黑人开了一张空头支票，今天是给予有色人种“自由的财富和正义保障”的时候了！因为“自由平等的朗朗秋日不到来，黑人义愤填膺的酷暑就不会过去”。之后，马丁·路德·金脱稿说出了一段著名的排比句“我梦想有一天……”，描绘他对未来社会的憧憬，将这场激动人心的演讲推至高潮。一年后，美国国会通过了《民权法案》，禁止在学校、工作场所和公共空间的种族隔离，并将一切因种族、肤色、宗教信仰、性别或来源国不同而存在的歧视行为视为非法。

马丁·路德·金

我有一个梦想

今天我很高兴和大家一起参加这场我国历史上最盛大的争取自由的示威集会，它必将载入史册。

一百年前，一位伟大的美国人签署了《解放黑人奴隶宣言》，今天我们就在他象征性的荫庇之下。这项重要的法令犹如一个巨大的灯塔发出的希望之光，射向数百万毁于非正义烈火的黑奴。它的到来宛若令人欢欣的黎明，必将结束禁锢他们的长夜。

然而，一百年后，黑人仍然没有获得自由。一百年后，黑人的生活仍然悲惨地被种族隔离的镣铐和种族歧视的锁链束缚。一百年后，黑人生活在一座被物质富裕的汪洋大海包围的贫瘠孤岛上。一百年后，黑人仍然蜷缩在美国社会的角落唉声叹气，感觉他们是在自己的家乡流亡。于是我们今天来到这里要将这一可耻的处境公诸于世。

从某种意义上说，我们今天来到首都是为兑现一张支票。我们共和国的建筑师们撰写《宪法》和《独立宣言》的辉煌文字时，签署了一张每个美国人都能继承的期票。这张期票承诺所有人，是的，不论白人黑人，都将确保拥有不可剥夺的生存权、自由权和追求幸福的权利。

如今看来，美国显然没有为她的有色公民兑现这张期票。国家没有履行这一神圣的债务，而是给黑人民众开了一张空头支票，一张打着“资金不足”的印戳被退回的支票。但是我们拒绝相信正义的银行会破产，我们拒绝相信这个国家庞大的机会宝库会资金不足。于是我们相邀来兑现这张支票——我们要求它赋予我们自由的财富和正义的保障。我们来到这个圣地还为了提醒美国当前的紧迫性。现在已不是采用慢条斯理的奢侈策略或者服用循序渐进的镇静剂的时候了。现在就是兑现民主承诺的时刻。现在就是走出种族隔离的荒凉幽暗的深谷、踏上种族正义的阳光大道的时刻。现在就是将我们的国家从种族不公的流沙中挽救出来、奠定兄弟情谊的坚石的时刻。现在就是为上帝的所有儿女实现正义的时刻。

忽视这个时刻的紧迫性对国家将会是致命的。自由平等的朗朗秋日不到来，黑人义愤填膺的酷暑就不会过去。1963 年不是终结，而是开端。那些希望黑人只要撒完气，就会心满意足，这个国家一切照旧的人必将遭到当头棒喝。美国一日不赋予黑人各项公民权，就一日不得安宁与平静。反抗的旋风将持续撼动我们国家的根基，直至光明的正义之日到来。

但是对于站在通往正义殿堂的温柔门槛上的同胞们，我有几句话必须要说。我们在争取自身合法地位的过程中绝不能犯错。我们绝不能为了满足对自由的渴望吞饮仇恨和毒怨的苦酒。

我们必须永远在尊严和自律的高层面开展我们的斗争。我们绝不允许我们开创性的抗议沦为肉体的暴力。我们必须一次又一次地上升到以灵魂之力对抗肉体之力的崇高境界。席卷黑人社群的新的战斗精神不应让我们对所有白人失去信心，我们的许多白人兄弟今天前来助阵，足以证明他们意识到他们的命运与我们的命运紧密相连。他们意识到他们的自由与我们的自由休戚相关。我们不能独自前行。

我们在前行的路上必须许下一往无前的誓言。我们绝不回头。有人向致力民权运动的人士发问："你们什么时候才会满意？"只要黑人是警察无以言状的恐怖暴行的受害者，我们就永远不会满意。只要我们在长途跋涉躯体疲惫不堪时不能在公路的汽车旅馆和城市的酒店里找到休憩之所，我们就永远不会满意。只要黑人的基本行动范围局限在规模稍有差异的贫民窟之间，我们就不会满意。只要我们的孩子被"仅限白人"的招牌剥夺了自我，丧失了尊严，我们就永远不会满意。只要密西西比州的黑人不能投票，纽约州的黑人觉得投票与他们毫不相干，我们就不会满意。不，不，我们不会满意，直到正义如洪水奔腾，公正如激流喷涌。

我并非不知道你们有些人经历了巨大的考验和磨难来到这里。你们有些人刚刚走出狭小的牢房。你们有些人来自因追求自由而遭受迫害风暴的袭击和警察暴虐狂风摧残的地区。你们饱受各种人为的苦难。继续奋斗吧，要坚信无辜受苦必将得到拯救。

让我们回到密西西比州，回到亚拉巴马州，回到南卡罗来纳州，回到佐治亚州，回到路易斯安那州，回到我们北方城市的贫民窟和黑人区吧，相信这种情形可以并终将得到改变。我们千万不要迷失在绝望的深谷中。

朋友们，今天我要告诉你们，纵使我们面临今天和明天的重重困难，我仍然有一个梦想。这个梦深深地根植于美国梦之中。

我梦想有一天，这个国家将会奋起践行其信条的真谛："我们认为这些真理是不言而喻的，人人生而平等。"

我梦想有一天，在佐治亚州的红色山丘上，昔日奴隶的子孙和昔日奴隶主的子孙能够同席而坐，亲如兄弟。

我梦想有一天，就连密西西比州，这样一个被不公和压迫的热浪席卷的地方，也将变成自由和正义的绿洲。

我梦想有一天，我的四个小孩将生活在一个不以肤色而以内在品格评判他们的国度。

今天我有一个梦想。

我梦想有一天，在南方腹地亚拉巴马州——那里有邪恶的种族主义者，他们的州长绕唇鼓舌干预和拒不执行联邦法令——就在这样的亚拉巴马州，有一天黑人男孩和女孩能够与白人男孩和女孩手牵着手宛如兄弟姐妹。

今天我有一个梦想。

我梦想有一天，每个山谷都将弥合，每座丘陵和山岳都将夷平，崎岖之地化成坦途，曲折之处变得笔直，神的荣光终将显现，人人得以见证。

这就是我们的希望。我带着这个信念回到南方。秉持这一信念，我们就会从绝望之山辟出希望之石。秉持这一信念，我们就会把我们国家刺耳的噪音转变为一曲歌颂兄弟情谊的优美的交响乐。秉持这一信念，我们就能够一起共事、一起祈祷、一起奋斗、一起入狱、一起争取自由，我们知道我们终有一天将获得自由。

到那一天，上帝的所有儿女都能够齐声高唱被赋予新意的歌词："我的祖国，可爱的自由之乡，我要为你歌唱。这是我的祖先长眠之地，清教徒移民的自豪之邦，让自由之声响彻每一座山岗。"

美国要成为伟大的国度，就必须实现这一切。

让自由之声响彻新罕布什尔州的巍峨山巅。

让自由之声响彻纽约州的崇山峻岭。

让自由之声响彻宾夕法尼亚州的阿勒格尼高峰！

让自由之声响彻科罗拉多州白雪皑皑的落基山脉！

让自由之声响彻加利福尼亚州连绵起伏的山峦！

不仅如此，还要让自由之声响彻佐治亚州的石山！

让自由之声响彻田纳西州的瞭望山！

让自由之声响彻密西西比州的每座山冈和丘陵。让自由之声响彻每一座山峦。

当这一切发生，当我们让自由之声响起，当我们让自由之声响彻每座村庄田舍，响彻每个州府和每座城市，我们就能够加速这一天的到来，那时上帝的所有儿女，黑人和白人、犹太人和非犹太人、新教徒和天主教徒，将能够携手唱起那首古老的黑人灵歌："终于自由了！终于自由了！感谢万能的上帝，我们终于自由了！"

（吴冬月　译，陈力川　校）

贝蒂·弗里丹
Betty Friedan

1921—2006

美国作家，女权运动活动家，生于伊利诺伊州皮奥里亚市的一个俄裔犹太家庭，原名贝蒂·娜奥米·戈德斯坦，1938 年进入史密斯女子文理学院，第一年就以优异成绩获得奖学金，二年级在校园刊物发表诗作，三年级成为校园报刊的主编。1942 年毕业后，入加利福尼亚大学伯克利分校攻读心理学。1943 年移居纽约，在新闻界从业。1947 年与剧院经理人卡尔·弗里丹结婚。1952 年贝蒂·弗里丹生第二个孩子申请产假时被解雇。1957 年，她在对史密斯学院同期毕业生所做的调查中发现，绝大多数拥有高学历的女同学都已成为和她一样的家庭主妇。1963 年，弗里丹发表的女性主义经典著作《女性的奥秘》引起巨大的社会反响，被译成多种文字，畅销全球。1966 年弗里丹参与创立美国全国妇女组织，并成为首任主席，推动女权运动的发展，被誉为“美国现代女权运动之母”。1981 年出版《第二阶段》一书，2000 年出版回忆录《至此一生》(Life So Far)。2006 年 2 月 4 日，贝蒂·弗里丹在华盛顿病逝，当天恰逢她八十五岁生日。她的去世受到无数女性的追悼和缅怀，其中包括美国第 67 任国务卿、前第一夫人希拉里·克林顿和好莱坞演员莎朗·斯通。

弗里丹在孩童时期与母亲关系紧张，她将其归结于母亲因结婚生育被迫放弃自己的事业而产生的挫败感和怨恨，弗里丹自己也曾面对生活和事业的两难选择。为打破当时的报纸杂志塑造的“幸福的家庭主妇”的神话，这位四十二岁的家庭主妇兼三个孩子的母亲出版了《女性的奥秘》一书，美国社会为之震动，一些女性烧毁了她们的胸罩，另一些扔掉了围裙，甚至丈夫。弗里丹后来说：“我写作《女性的奥秘》的时候并没有想到会发动一场革命。”“但它改变了我作为女人和作家的生活，有其他女性告诉我它也改变了她们的生活。”1969年，由于美国法律禁止堕胎，弗里丹成立了全国堕胎行动联盟，其成员多为受过大学教育的白人女性，她们将捍卫妇女的生育选择权作为运动的目标。在争取废除堕胎法的首次全国大会上，弗里丹以自问自答的方式，发表了这篇文字激扬的演讲，对女性的堕胎权利问题做了言辞犀利的剖析。在她领导的美国全国妇女组织和全国堕胎行动联盟的共同推动下，美国联邦最高法院于1973年1月22日以7比2的表决结果，确认由妇女决定是否继续怀孕的权利受到宪法规定的个人自主权和隐私权的保护，等于间接承认堕胎的合法化，这就是著名的“罗诉韦德案”的判决，它标志着美国妇女争取公民权利的斗争取得新一阶段的胜利。

弗里丹

妇女的公民权（节选）

女性作为性对象在这个国度几乎是过于醒目的存在，然而她们其实是社会的隐形人。正如曾经被忽视的黑人，女性是当今美国的隐形人：女性可以参与政府、政治和教会的主流决策——不仅准备教堂的晚餐，还能够布道；不仅查阅邮政编码填写信封，还能够做出政治决策；不仅从事产业劳动，还能做出经营管理的某些决策。最重要的是，她们自己想过什么样的生活，拥有什么样的人格，不再听任或允许男性专家对“女性”做出这样或那样的定义。

女性遭到诋毁的根源是我们被贴上性对象的标签。因此，要改变我们不被平等对待的处境，我们必须正视这个标签透露的社会对我们的贬损以及我们的自我贬低。

我是说女性必须摆脱性交吗？不。我说的是性交要上升到人类对话的层面，不再是引人窃笑的龌龊玩笑和这个社会过分沉迷的事情，就必须使女性能够自主做出决定，使女性得到解放，实现一种超越母亲身份的创造力，一种完满的人类的创造力。

我是说女性必须摆脱母亲身份吗？不。我说的是要让做母亲成为一个负起责任的愉悦体验，女性就必须能够在充分有意识地做出选择和充分担起责任的情况下，自主做出当母亲的决定。这样，也只有这样，她们才能心无芥蒂地拥抱母亲的身份，能够在自我定义时不只给自己贴上某人的母亲、孩子的保姆、生殖工具的标签，还会认为当母亲是自愿做出的一个人生抉择，成为母亲的每一天都值得发自内心的庆贺，同时可以和男性一样享受和发挥更多维度的创造力。

那时，也只有到那时，母亲这个身份才不再是对男性和孩子的一个诅咒和枷锁。尽管如今对母亲身份附加了很多溢美之词，母亲节献上无数玫瑰，各类商业广告和虚伪的女性杂志纷纷追捧女性的家庭主妇和母亲的角色，但现实的情形是，电视或夜总会的喜剧演员只需走到麦克风前说“我老婆”几个字，全体观众即使良心不安也会爆发出阵阵不怀好意的猥琐笑声。

两性之间的敌对已经到了最糟糕的状态。女性在前卫戏剧、小说、电影以及电视情景喜剧中的形象呈现两极化，母亲要么是吞食男性的怪兽，要么是沦为性对象的洛丽塔——并非激起异性的冲动，而是虐恋的冲动。这股冲动——对女性的惩罚——在堕胎问题上成为一个一直被忽视的至关重要的因素。

女性倘若违背自己的意愿被迫当了母亲——仅仅是

母亲，母亲从定义上几乎就成了一种祸患，至少部分如此。就像一个癌细胞需要依附另一个细胞才能存活，当今的女性只能通过她们的孩子和丈夫体现生命的价值（她们太过依附他们，因而难免会将各种不满、报复以及无法表达的愤恨发泄到丈夫和孩子身上）。

也许这就是美国政治生活中最不为人知的一个现实：这个国家的女性如今埋藏着惊人的暴力。和所有遭受压迫的人们一样，她们一直以来将暴力施加到自己身上，带来各种各样让医学博士和精神分析学家头疼的病症。她们也在无意间以含蓄微妙的方式将暴力持续发泄到自己的孩子和丈夫身上，有时候她们的粗暴方式是直接的。

我们从医院听到的越来越多的受虐儿童综合征总是出现在不受欢迎的孩子身上，女性施虐的概率与男性持平，甚至超过男性。那些身心遭受摧残的孩子的病历无不指向女性这一罪魁祸首，而根源在于我们对她们的定义：不仅是被动的性对象，还是母亲、用人、他人的母亲、他人的老婆。

我是说女性必须摆脱男性吗？男性是敌人吗？不。我要说的是男性要想真正得到解放，在爱女性的同时完全做回自己，就必须让女性得到解放，让她们充分参与到自己的生活和社会的决策中来。

在这一切实现之前，男性将继续背负迫使女性被动接受命运的良心的谴责，承受女性压抑的憎恨和无爱的生活，因为他们双方都不是完全掌握主动的快乐主体，他们之间的关系存在利用的因素。男性并不能获得充分发展的自由，他们必须努力活出男子汉的阳刚形象，不允许身上出现丝毫可能被认为属于女性的温柔敏感的特质。男性必须压抑和防范自身极大的一部分能力，才能活成像欧内斯特·海明威或者不合时宜地理着平头的普鲁士男子汉形象……男性不被允许承认他们有时也会感到害怕。他们不被允许表现自身敏感的一面，有时也需要消极一下，并不总是积极向上。男性不被允许哭泣。所以他们只是半个人，一如只是半个人的女性，除非我们能够向前迈出下一步。我想男性被认为理应独自承担所有重负和责任会让他们憎恨支撑他们的女性，而这种支撑对女性来说或许也是一个沉重的包袱。

这才是真正的性革命。不是报纸上廉价的头条，讨论男孩女孩在什么年纪可以一起睡觉，此后是否会缔结婚姻的良缘。这些只是细枝末节。真正的性革命是让女性走出被动的处境，不在我们这个富足的社会轻易沦为所有诱惑、消耗、虚假神明崇拜的受害者，实现彻底的自主和完整的尊严，让男性卸下无意间成为暴君和主人的身份，发展敏感健全的人性。

要实现这场革命，就必须对我们今天的家庭状态、婚姻和爱情的观念、我们的建筑、城市、神学、政治和艺术进行一系列彻底的变革。这并不是说女性是特殊的，也不是说女性的地位高于男性，而是当两性互动的方式可以超出《妇女家庭杂志》对父母婚姻的定义的严格限制，人类创造力的表达必定会变得更加丰富和充实。

假使我们最终得以成为完整的人，不仅孩子在出生和成长的过程中会得到比今日更多的来自父母的爱和责任，我们也将挣脱冰冷的郊区小家庭的囚笼，尝试探索我们男女双方人格的所有可能的维度，彼此相处缔结同志、同事、朋友、情侣的关系。一旦泛滥的仇恨、嫉妒，埋藏的憎恨、虚伪通通消失，一种全新的爱的感受就会萌芽，使我们在情人节宣称的爱情相形失色。

…………

（吴冬月　译，陈力川　校）

吉赛尔·阿里米

Gisèle Halimi

1927—2020

突尼斯—法国律师、女权主义者、父母是犹太人。早年支持突尼斯和阿尔及利亚的独立运动，1971年开始与女哲学家西蒙娜·德·波伏娃一起推动法国自由堕胎合法化。1978年阿里米担任在法国被强奸的两位比利时妇女的辩护律师，并赢得诉讼，推动法国于1980年通过了明确定义强奸罪的法律。1981—1984年，阿里米当选法国国会社会党议员。1982年，她提出的关于女性定额选举的修正案在国会通过，但被法国宪法委员会否决，理由是该法案妨碍选举自由。1985—1986年，密特朗总统任命阿里米担任法国驻联合国教科文组织大使。阿里米于2020年7月28日，九十三岁生日的第二天在巴黎逝世。

1972年，法国发生了两起轰动全国的诉讼案，一个名叫玛丽·克莱尔的十六岁少女被强奸后怀孕，在她母亲和其他三位女同事的协助下非法堕胎。女律师吉赛尔·阿里米先后为这位少女和四位妇女担任辩护律师。这篇演讲是她在第二起诉讼案法庭上的辩护词。阿里米选择的辩护策略不是为被告人开脱，而是直接谴责不公正的法律本身，她不惜在法庭上公开承认自己也像许多妇女一样，曾经非法堕胎，指出国家的相关法律与社会现实严重脱节，法律面前男女不平等：妇女无异于奴隶，没有身体自主权！这两起诉讼案引发强烈的社会反响，对促使法国国会于1975年1月15日颁布堕胎合法化的法律起到了决定性的作用，阿里米这篇慷慨激昂的辩护词也因此载入史册。

阿里米

为女性的权利辩护（节选）

主席先生，法官先生：

今天，我得到一个难得的特权。

以前我从未完整地感受到我的辩护律师的职业与我的女性身份像今天这样完美一致。

我从未像今天这样感到——正如我们的行话说的“综合各种原因”——自己既是被告席上的被告，又是辩护席上的律师。

如果说我们那冠冕堂皇的职业道德要求律师与他的委托人保持必要的距离，那它一定没有考虑到那些女律师，像所有的妇女一样，也是堕过胎的人，也没有考虑到她们可以直言不讳，而且公之于众，就像我今天做的这样。

必须说，我首先是在身体方面深感自己与这四位女性，以及其他女性，有着根本的连带关系。

…………

人们为妇女制造了一种命运：一种生物学的命运，一种我们当中的任何人都不能，或者说没有权利逃脱的命运。这里，我们所有人的命运就是生育。

一个男人的存在、自我定义、自我实现是通过他的工作、他的创作、他的社会融入。

而一个女人只能通过她嫁的男人和她生的孩子自我定义。

这就是为我们所摒弃的这个体制的意识形态。

先生们，你们知道吗，《民法典》的起草人曾经在序言中写道——而这就是女人的命运：

“女人是给男人生孩子的。”

“故她是男人的财产，就像果树是园丁的财产。”

当然，《民法典》已经改变了，我们为之庆幸。

但是，在一个根本点上，绝对是根本的一点上，妇女仍然受到压迫，今天晚上，你们必须努力理解我们。

我们无权支配我们自己。

如果世界上还存在一个奴隶，那就是女人，女奴，因为当她没有服从你们的法律，当她堕胎的时候，她要在你们这些先生面前出庭受审。

在你们面前出庭受审。

这难道不是我们被压迫的明证吗？

请原谅我，先生们，今天晚上，我决心把一切都说出来。

看看你们自己，再看看我们。

四个女人在四个男人面前受审……谈什么呢？

导管、子宫、肚子、怀孕和堕胎！……

你们不认为这是根本的、不能容忍的不公正吗？

四个女人面对四个男人！

你们不认为这正是妇女所要忍受的压迫性体制的明证吗？

你们怎么能够期望这些妇女愿意把她们的感受告诉你们呢？

当然，妇女们试图这样做，但是尽管你们有理解她们的良好愿望——我对此不表示怀疑——她们也无法做到。

她们讲述自己，讲述她们的身体，她们的女性身份，而她们是对四个即将审判她们的男人来讲述这一切。

这一最起码的、身体的、基本的诉求：支配我们自己，支配我们的身体，当我们表达这一诉求的时候，我们是向谁来表达呢？

向男人表达。我们是向你们表达。

我们对你们说："我们女人不愿意做奴隶。"

先生们，你们能接受在女人组成的法庭面前受审，仅仅由于你们支配了自己的身体吗？这显得荒谬？

…………

当公众舆论表示——多亏了那些见义勇为的记者——它不再接受这些过时的审判的时候，先生们，你们必须担负起你们的责任。因为，如果我可以这样说的话，属于你们的时间到了。

这是属于你们的时间，该轮到你们了！

今天的审判，你们将决定你们对堕胎、对这项法律和这种压迫的立场，特别是，你们不应该逃避这个基本的问题。

一个人，无论性别如何，是否有权支配自己？

我们没有权利再回避这个问题。

为了你们自己，为了等待你们判决的我们，为了你们心安理得，你们会推说你们只想认定事实，那些在检察官先生的公诉状中提及的唯一事实！这是徒劳的。

你们会推说法律就是法律，无论好坏！这是徒劳的。

这种观念是一种拒绝，是一种不负责任的拒绝，而且——我坦率地说——它与法官应有的身份是不相称的。

先生们，这也就是说，你们在那里是为了机械执法，你们在那里是为了宣读法律条文，你们不需要理解法律的深层动机，你们只要依法量刑，就像一部人们按动电钮的机器所做的那样。

有人告诉你们，你们应当“讲法”。当然，但是“讲法”从来不意味着成为司法机器，对我们生命的重大问题不闻不问。

“讲法”是阐释法律原则，这是我们在大学学的，检察官先生。我还记得我们的学生作业——“法律原则的演变”。法律是同一个，但幸亏某些法官的勇气，法律发生了变化。同样的法律，但执行有别。

人们看到一个与社会现实脱节的法律，一个根本上不公正、不道德的法律，怎样经过何等漫长的跋涉，一直来到最高法院而得到修正，不是被立法者修正，而是被你们，法官先生。

阐释法律原则不是把自己变成机器人。

阐释法律原则是在某一时刻，处于一个辩证的交叉口：生命与法律的辩证交叉口。

——在这里，生命就是妇女的选择权；

——在这里，法律就是指出第 317 条无效。

今天，讲法就是拒绝虚伪。

先生们，我尤其请求你们千万不要援引“原则性处罚”“极度宽容”“可酌情减刑”。

你们应当提出质疑。

你们应当在这场辩论中当机立断，这场辩论应当借这个典型案例的机会结束了。

先生们，你们知道，对你们来说，这不再是妥协的时候，不再是推诿的时候了。

（陈力川　译）

中国篇

蔡元培　就任北京大学校长之演说

章太炎　今日青年之弱点

李大钊　“少年中国”的“少年运动”

泰戈尔　在清华大学的演讲

胡适　赠与今年的大学毕业生

蔡元培
字鹤卿

1868—1940

教育家、美学家、政治家，生于浙江绍兴，父亲蔡光普为钱庄经理。蔡元培四岁入家塾，十七岁考取秀才，十八岁设馆教书，二十二岁中举人，二十五岁中进士，先被点为翰林院庶吉士，后来授翰林院编修。1898 年，戊戌变法失败，同情维新派的蔡元培弃翰林院南下，先后在绍兴、上海办新学，传播民权思想，从事革命活动，险遭清政府侦讯，被迫赴日本留学。1904 年，回国后在上海成立光复会，一年后并入同盟会，孙中山委任蔡元培为同盟会上海分会负责人。1907 年，赴德国柏林留学，次年转入莱比锡大学，攻读哲学、美术史和心理学等学科。1912 年初，孙中山任命蔡元培为南京临时政府教育总长，主持制定现代教育政策，建立资产阶级民主教育体制，7

月因与袁世凯政府不和而辞职，翌年旅居德法，继续从事教育、哲学、美学和民族学的研究，组织留法勤工俭学。1917 年初，蔡元培就任北京大学校长。1920 年初，与李石曾等人创办中法大学，并兼任校长。1923 年初，蔡元培辞职再次旅欧。1927 年，创办“中央研究院”，翌年创建国立艺术院（现中国美术学院），倡导美育。1933 年，倡议创建国立中央博物院。抗日战争全面爆发后，蔡元培参与组织上海文化界人士投入抗日救亡运动。1937 年底，蔡元培携家眷赴香港，1940 年 3 月 3 日，在寓所跌倒，3 月 5 日在医院去世。著作见《蔡元培全集》。

这是蔡元培于1917年1月9日在北京大学发表的就职演说。其时，北大的腐败和积弊为世诟病，学生中流行做官发财的思想，甫任校长的蔡元培对学生提出三点要求：一、为求学而来，宗旨不可以不正大；二、社会道德沦丧，大学生品行不可以不谨严；三、与师友共处一堂，尤应互敬互爱。蔡元培对北京大学的改造从改良讲义和添购书籍开始，后来提出“囊括大典，网罗众家，思想自由，兼容并包”的办学理念，沟通文理，废科设系，聘请陈独秀、李大钊、胡适、钱玄同、梁漱溟、徐悲鸿、李四光、鲁迅等名家到北大任教任职，开学术研究自由之风气，倡导科学和民主之精神，从1920年秋季开始正式招收女生，任职期间将北大建成了一所真正的现代大学。蔡元培出任北大校长对中国现代教育的发展产生了深刻的影响。

蔡元培

就任北京大学校长之演说

五年前，严几道先生为本校校长时，余方服务教育部，开学日曾有所贡献于同校。诸君多自预科毕业而来，想必闻知。士别三日，刮目相见，况时阅数载，诸君较昔当必为长足之进步矣。予今长斯校，请更以三事为诸君告。

一曰抱定宗旨。诸君来此求学，必有一定宗旨，欲知宗旨之正大与否，必先知大学之性质。今人肄业专门学校，学成任事，此固势所必然。而在大学则不然，大学者，研究高深学问者也。外人每指摘本校之腐败，以求学于此者，皆有做官发财思想，故毕业预科者，多入法科，入文科者甚少，入理科者尤少，盖以法科为干禄之终南捷径也。因做官心热，对于教员，则不问其学问之浅深，惟问其官阶之大小。官阶大者，特别欢迎，盖为将来毕业有人提携也。现在我国精于政法者，多入政界，专任教授者甚少，故聘请教员，不得不聘请兼职之人，亦属不得已之举。究之外人指摘之当否，姑不具论。然弭谤莫如自修，人讥我腐败，而我不腐败，问心无愧，于我何损？果欲达其做官发财之目的，则北京不少专门学校，入法科者尽可肄业法律学堂，入商科者亦可投考商业学校，又何必来此大学？所以诸君须抱定宗旨，为求学而来。入法科者，非为做官；入商科者，非为致富。宗旨既定，自趋正轨。诸君肄业于此，或三年，或四年，时间不为不多，苟能爱惜光阴，孜孜求学，则其造诣，容有底止。若徒志在做官发财，宗旨既乖，趋向自异。平时则放荡冶游，考试则熟读讲义，不问学问之有无，惟争分数之多寡；试验既终，书籍束之高阁，毫不过问，敷衍三四年，潦草塞责，文凭到手，即可借此活动于社会，岂非与求学初衷大相背驰乎？光阴虚度，学问毫无，是自误也。且辛亥之役，吾人之所以革命，因清廷官吏之腐败。即在今日，吾人对于当轴多不满意，亦以其道德沦丧。今诸君苟不于此时植其基，勤其学，则将来万一因生计所迫，出而任事，担任讲席，则必贻误学生；置身政界，则必贻误国家。是误人也。误己误人，又岂本心所愿乎？故宗旨不可以不正大。此余所希望于诸君者一也。

二曰砥砺德行。方今风俗日偷，道德沦丧，北京社会，尤为恶劣，败德毁行之事，触目皆是，非根基深固，鲜不为流俗所染。诸君肄业大学，当能束身自爱。然国家之兴替，视风俗之厚薄。流俗如此，前途何堪设想。故必有卓绝之士，以身作则，力矫颓俗。诸君为大学学生，地位甚高，肩此重任，责无旁贷，故诸君不惟思所以感己，更必有以励人。苟德之不修，学之不讲，同乎流俗，合乎污世，己且为人轻侮，更何足以感人。然诸君终日伏首案前，营营攻苦，毫无娱乐之事，必感身体上之苦痛。为诸君计，莫如以正当之娱乐，易不正当之娱乐，庶于道德无亏，而于身体有益。诸君入分科时，曾填写愿书，遵守本校规则，苟中道而违之，岂非与原始之意相反乎？故品行不可以不谨严。此余所希望于诸君者二也。

三曰敬爱师友。教员之教授，职员之任务，皆以图诸君求学便利，诸君能无动于衷乎？自应以诚相待，敬礼有加。至于同学共处一堂，尤应互相亲爱，庶可收切磋之效。不惟开诚布公，更宜道义相勖，盖同处此校，毁誉共之，同学中苟道德有亏，行有不正，为社会所訾詈，己虽规行矩步，亦莫能辩，此所以必互相劝勉也。余在德国，每至店肆购买物品，店主殷勤款待，付价接物，互相称谢，此虽小节，然亦交际所必需，常人如此，况堂堂大学生乎？对于师友之敬爱，此余所希望于诸君者三也。

余到校视事仅数日，校事多未详悉，兹所计划者二事：一曰改良讲义。诸君既研究高深学问，自与中学、高等不同，不惟恃教员讲授，尤赖一己潜修。以后所印讲义，只列纲要，细微末节，以及精旨奥义，或讲师口授，或自行参考，以期学有心得，能裨实用。二曰添购书籍。本校图书馆书籍虽多，新出者甚少，苟不广为购办，必不足供学生之参考。刻拟筹集款项，多购新书，将来典籍满架，自可旁稽博采，无虞缺乏矣。今日所与诸君陈说者只此，以后会晤日长，随时再为商榷可也。

章炳麟
号太炎

1869—1936

学者、历史学家、革命家，浙江余杭人，生于书香门第。十一岁时从外祖父读经，二十一岁进杭州诂经精舍学习，师从俞樾，1895年甲午战争后，到上海和武昌办报，推动维新变法。1898年，戊戌变法失败，六君子罹难，章太炎避走台湾，次年东渡日本，放弃改良思想，鼓动革命。1903年，章太炎到上海爱国学社任教，为《苏报》撰写《康有为与觉罗君之关系》等文，为邹容的《革命军》撰序，触怒清政府，被捕入狱。1906年，出狱后再次赴日，加入同盟会，主编《民报》，宣扬“恢复中华，建立民国”的革命思想。自1905年起，章太炎在《国粹学报》上发表学术文章，撰写《文始》《国故论衡》《齐物论释》等著作，其中《国故论衡》为中国近代学术史上之巨制。1912 年 1 月 1 日，孙中山就任中华民国临时大总统，聘任章太炎为总统府枢密顾问，袁世凯上台后先授其总统府高等顾问头衔，后委任为东三省筹边使，赴长春兴办实业，未果。章太炎因批评袁世凯“包藏祸心”，1914 年起被幽禁在北京龙泉寺，直到 1916 年袁世凯死后才被释放。同年，孙中山致电黎元洪，推举章太炎为国史馆长。1917 年，张勋复辟，国民非常会议选举孙中山为“中华民国”军政府大元帅，章太炎任护法军政府秘书长，起草《大元帅就职宣言》。1919 年五四运动后，章太炎思想日趋保守，赞成军阀割据，联省自治。1927 年章太炎在苏州讲学，第四次组织国学讲习会，主张读经。1932 年，北上见张学良，呼吁抗日。1936 年 6 月 14 日病逝。鲁迅评价章太炎：“七被追捕，三入牢狱，而革命之志终不屈挠者，并世亦无第二人。这才是先哲的精神，后生的楷模。”

在1919年发表的这篇演讲中，章太炎指出了青年的四个弱点：一是把事情看得太容易，其结果不是侥幸，便是退却；二是妄想凭借已成的势力；三是虚慕文明；四是好高骛远。其实这四个弱点不仅属于那一代青年，也是每一代青年的共同点。第一、二、四点都容易理解，关于第三点，按照章氏的解释，一指虚慕物质文明，二指虚慕人道主义。贪恋物质文明，忽视精神文明的确是现代人的一个缺点，但如果想说明做事宜彻底，除恶务尽的道理，用“虚慕人道主义是有害的”来表述，似乎词不达意。1919年7月，胡适在少年中国学会演讲的开篇中说太炎先生的“这四条都是消极的忠告”，接下来胡适提出了三条积极的忠告：“第一须有批评的精神。一切习惯、风俗、制度的改良，都起于一点批评的眼光。第二须有冒险进取的精神。认定这个世界是（有）很多危险的，是不太平的，是需要冒险的。第三须要有社会协进的观念。社会是有机的组织，全体影响个人，个人影响全体。”保持批评、进取的精神和社会协进的人生观是胡适对章太炎指出的“今日青年之弱点”所做的必要补充。

章太炎

今日青年之弱点

现在青年第一弱点，就是把事情太看容易，其结果不是侥幸，便是退却。因为大凡作一件事情，在起初的时候，很不容易区别谁为杰出之士，必须历练许多困难，经过相当时间，然后才显得出谁为人才，其所造就方才可靠。

近来一般人士皆把事情看得容易，亦有时凑巧居然侥幸成功。他们成功既是侥幸得来，因之他们凡事皆想侥幸成功。但是天下事那有许多侥幸呢？于是乎一遇困难，即刻退却。所以近来人物一时侥幸成功，则誉满天下；一时遇着困难废然而返，则毁谤丛集。譬如辛亥革命侥幸成功，为时太速，所以当时革命诸人多半未经历练，真才不易显出。

诸君须知凡侥幸成功之事，便显不出谁是勇敢，谁是退却，因之杂乱无章，遂无首领之可言。假使当时革命能延长时间三年，清廷奋力抵抗，革命诸人由那艰难困苦中历练出来，既无昔日之侥幸成功，何至于有今日之纷纷退却。又如孙中山之为人，私德尚好，就是把事情看得太容易，实是他的最大弱点。现在青年只有将这个弱点痛改，遇事宜慎重，决机宜敏速，抱志既极坚确，观察又极明了，则无所谓侥幸退却，只有百折千回以达吾人最终之目的而已。

现在青年第二个弱点，就是妄想凭借已成势力。本来自己是有才能的，因为要想凭借已成势力，就将自己原有之才能皆一并牺牲，不能发展。譬如辛亥革命，大家皆利用袁世凯推翻清廷，后来大家都上了袁世凯的当。历次革命之利用陆荣廷岑春暄，皆未得良好结果。若使革命诸人听由自己的力量，一步一步地做去，旗帜鲜明，宗旨确定，未有不成功的。你们的少年中国学会，主张不利用已成势力我是很赞成的。已成势力，无论大小，皆不宜利用。宗旨确定，向前做去，自然志同道合的青年一天多似一天，那力量就不小了。惟最要紧的须要耐得过这寂寞的日子，不要动那凭借势力的念头。

现在青年的第三个弱点，就是虚慕文明。虚慕那物质上的文明，其弊是显而易见的。就是虚慕那人道主义，也是有害的。原来人类性质，凡是能坚忍的人，都是含有几分残忍性，不过他时常勉强抑制，不易显露出来。有时抑制不住，那残忍性质便和盘托出。譬如曾文正破九江的时候，杀了许多人，所杀者未必皆是洪杨党人，那就是他的残忍性抑制不住的表示，也就是他除恶务尽的办法。这次欧洲大战，死了多少人，用了若干钱，直到德奥屈服，然后停战。我们试想欧战四年中，死亡非不多，损失非不大，协约各国为什么不讲和呢？这就是欧美人做事彻底的表现，也就是除恶务尽的办法。现在中国是煦煦为仁的时代，既无所谓坚忍，亦无所谓残忍，当道者对于凶横蛮悍之督军，卖国殃民之官吏，无不包容之、奖励之，决不妄杀一个，是即所谓人道主义。今后之青年做事皆宜彻底，不要虚慕那人道主义。

现在青年第四个弱点，就是好高骛远。在求学时代，都以将来之大政治家自命，并不踏踏实实去求学问。在少年时代，偶然说几句大话，将来偶然成功，那些执笔先生就称他为少年大志。譬如郑成功做了一篇小子当洒扫应对进退的八股，中有汤武征诛，亦洒扫也；尧舜揖让，亦进退也；小子当之，有何不可数语。不过偶然说几句话而已，后人遂称他为少年有大志。故现在青年之好高骛远，在青年自身当然亟应痛改。即前辈中之好以（少年有大志）奖励青年者，亦当负咎。我想欧美各国青年在求学时代，必不如中国青年之好高骛远。大家如能踏踏实实去求学问，始足与各国青年相竞争于二十世纪时代也。

李大钊
字守常

1889—1927

学者、革命家，中国共产党创始人之一，河北乐亭县人，十八岁考入天津北洋法政专门学校，1913 年留学日本，入早稻田大学政治科，1916 年回国，办报刊，推动新文化运动。1918 年受聘担任北京大学图书馆主任，后任经济系和历史系教授，参加编辑《新青年》。1919 年参与创建少年中国学会，1920 年与陈独秀酝酿组建中国共产党，发起组织马克思学说研究会。1924 年参与“国共合作”，出席中国国民党第一次全国代表大会，任国民党第一届中央执行委员会委员，此后同时领导国共两党在北方的党组织。1925 年五卅运动爆发后，李大钊等人在北平组织数万人示威，声援上海人民，受到北洋政府的通缉，躲进位于东交民巷的苏联兵营。1926 年参与组织北平请愿游行，次年北洋政府大元帅张作霖派军警突袭搜查苏联大使馆，李大钊全家被捕。1927 年 4 月 28 日，李大钊等二十人受军法审判，以“和苏俄通谋”罪判处绞刑。著作见《李大钊文集》。

这是李大钊于1919年在“少年中国学会”筹备会上的演讲。“少年中国说”是梁启超于1900年提出的。李大钊认同“少年中国”的理想，并为推动实现这个理想，提出“少年运动”的主张：第一步就是精神改造和物质改造的运动，精神改造运动是本着人道主义的精神，宣扬“互助”和“博爱”的思想；物质改造运动是本着勤工主义的精神，改造游惰的本性和掠夺主义的经济制度。这两种文化运动不应该漂泊在都市上，而要深入到山区和农村。李大钊是一个有着宽阔胸怀的世界主义者，他指出少年中国的运动也是世界改造的运动，中国的少年都应该是世界的少年。这篇演讲在严密的推理中洋溢着年轻人的朝气，李大钊时年三十岁。

李大钊

“少年中国”的“少年运动”

我们的理想，是在创造一个“少年中国”。

“少年中国”能不能创造成立，全看我们的“少年运动”如何。

我们“少年中国”的理想，不是死板的模型，是自由的创造；不是铸定的偶像，是活动的生活。我想我们“少年中国”的少年，人人理想中必定都有一个他自己所欲创造而且正在创造的“少年中国”。你理想中的“少年中国”，和我理想中的“少年中国”不必相同；我理想中的“少年中国”，又和他理想中的“少年中国”未必一致。可是我们的同志，我们的朋友，毕竟都在携手同行，沿着那一线清新的曙光，向光明方面走。那光明里一定有我们的“少年中国”在。我们各个不同的“少年中国”的理想，一定都集中在那光明里成一个结晶，那就是我们共同创造的“少年中国”。仿佛像一部洁白未曾写过的历史空页，我们大家你写一页，我写一页，才完成了这一部“少年中国”史。

我现在只说我自己理想中的“少年中国”。

我所理想的“少年中国”，是由物质和精神两面改造而成的“少年中国”，是灵肉一致的“少年中国”。

为创造我们理想的“少年中国”，我很希望这一班与我们理想相同的少年好友，大家都把自己的少年精神拿出来，努力去作我们的“少年运动”。我们“少年运动”的第一步，就是要作两种的文化运动：一个是精神改造的运动，一个是物质改造的运动。

精神改造的运动，就是本着人道主义的精神，宣传“互助”“博爱”的道理，改造现代堕落的人心，使人人都把“人”的面目拿出来对他的同胞；把那占据的冲动，变为创造的冲动；把那残杀的生活，变为友爱的生活；把那侵夺的习惯，变为同劳的习惯；把那私营的心理，变为公善的心理。这个精神的改造，实在是要与物质的改造一致进行，而在物质的改造开始的时期，更是要紧。因为人类在马克思所谓“前史”的期间，习染恶性很深，物质的改造虽然成功，人心内部的恶，若不划除净尽，他在新社会新生活里依然还要复萌，这改造的社会组织，终于受他的害，保持不住。

物质改造的运动，就是本着勤工主义的精神，创造一种“劳工神圣”的组织，改造现代游惰本性、掠夺主义的经济制度，把那劳工的生活，从这种制度下解放出来，使人人都须作工，作工的人都能吃饭。因为经济组织没有改变，精神的改造很难成功。在从前的经济组织里，何尝没有人讲过“博爱”“互助”的道理，不过这表面构造（就是一切文化的构造）的力量，到底比不上基础构造（就是经济构造）的力量大。你只管讲你的道理，他时时从根本上破坏你的道理，使它永远不能实现。

“少年中国”的少年好友呵！我们的一生生涯，是向“少年中国”进行的一条长路程。我们为达到这条路程的终点，应该把这两种文化运动，当作车的两轮，鸟的双翼，用全生涯的努力鼓舞着向前进行，向前飞跃。

“少年中国”的少年好友呵！我们要作这两种文化运动，不该常常漂泊在这都市上，在工作社会以外作一种文化的游民；应该投身到山林里村落里去，在那绿野烟雨中，一锄一犁的作那些辛苦劳农的伴侣。吸烟休息的时间，田间篱下的场所，都有我们开发他们，慰安他们的机会。须知“劳工神圣”的话，断断不配那一点不作手足劳动的人讲的；那不劳而食的知识阶级，应该与那些资本家一样受排斥的。中国今日的情形，都市和村落完全打成两橛，几乎是两个世界一样。都市上所发生的问题，所传播的文化，村落里的人，毫不发生一点关系；村落里的生活，都市上的人，大概也是漠不关心，或者全不知道他是什么状况。这全是交通阻塞的缘故。交通阻塞的意义，有两个解释：一是物质的交通阻塞，用邮电舟车可以救济的；一是文化的交通阻塞，非用一种文化的交通机关不能救济的。在文化较高的国家，一般劳农容受文化的质量多，只要物质的交通没有阻塞，出版物可以传递，文化的传播，就能达到这个地方；而在文化较低的国家，全仗自觉少年的宣传运动，在这个地方，文化的交通机关，就是在山林里、村落里与那些劳农共同劳动自觉的少年。只要山林里、村落里有了我们的足迹，那精神改造的种子，因为得了洁美的自然，深厚的土壤，自然可以发育起来。那些天天和自然界相接的农民，自然都成了人道主义的信徒。不但在共同劳作的生活里可以感化传播于无形，就是在都市上产生的文化利器，——出版物类——也必随着少年的足迹，尽量输入到山林里村落里去。我们应该学那闲暇的时候就来都市里著书，农忙的时候就在田间工作的陶士泰先生，文化的空气才能与山林里村落里的树影炊烟联成一气，那些静沉沉的老村落才能变成活泼泼的新村落。新村落的大联合，就是我们的"少年中国"。

我们"少年中国"的少年好友啊！我们既然是二十世纪的少年，就该把眼光放得远些，不要受腐败家庭的束缚，不要受狭隘爱国心的拘牵。我们的新生活，小到完成我的个性，大到企图世界的幸福。我们的家庭范围，已经扩充到全世界了，其余都是进化轨道上的遗迹，都该打破。我们应该拿世界的生活作家庭的生活，我们应该承认爱人的运动比爱国的运动更重。我们的"少年中国"观，决不是要把中国这个国家，作少年的舞台，去在列国竞争场里争个胜负，乃是要把中国这个地域，当作世界的一部分，由我们居住这个地域的少年朋友们下手改造，以尽我们对于世界改造一部分的责任。我们“少年运动”的范围，决不止于中国：有时与其他亚细亚的少年握手，作亚细亚少年的共同运动；有时与世界的少年握手，作世界少年的共同运动，也都是我们“少年中国主义”分内的事。

总结几句话，就是：

我所希望的“少年中国”的“少年运动”，是物心两面改造的运动，是灵肉一致改造的运动，是打破知识阶级的运动，是加入劳工团体的运动，是以村落为基础建立小组织的运动，是以世界为家庭扩充大联合的运动。

少年中国的少年呵！少年中国的运动，就是世界改造的运动，少年中国的少年，都应该是世界的少年。

拉宾德拉纳特·泰戈尔

Rabindranath Tagore

1861—1941

印度诗人、哲学家、艺术家，生于孟加拉邦加尔各答的一个婆罗门家庭，父亲是一位宗教和社会活动家，有十四个子女，泰戈尔最小。他八岁开始写诗，十二岁写剧本，十四岁放弃正规学校的学习，聘请家教，随父亲学习梵文，十六岁发表第一首长诗《野花》，十七岁发表叙事诗《诗人的故事》。1878 年在父兄的安排下赴英国留学，通过大学会考进伦敦大学学院，学习英国文学，爱上西方音乐，1880 年突然中断学业回国，专事文学创作，1886 年发表《新月集》，入选印度大、中、小学教材。1901 年泰戈尔在圣地尼克坦创办了一所师生半工半读同吃同住的实验学校（该校于 1921 年正式成为维斯瓦·巴拉蒂大学，即印度国际大学）。1905 年泰戈尔投身民族独立运动（他在这个时期创作的爱国歌曲《人民的意志》，1950 年成为印度国歌，另一首歌曲《金色的孟加拉》1972 年成为孟加拉国国歌）。20 世纪初泰戈尔发表长篇小说《沉船》和《戈拉》，在种族、文化和宗教的多样性中寻找古老印度的统一性。1916 年发表长篇小说《家庭和世界》，1912 年出版抒情诗集《吉檀迦利》，1913 年成为亚洲第一个获得诺贝尔文学奖的作家，同年发表著名诗篇《飞鸟集》和《园丁集》。1915 年泰戈尔结识甘地，尽管双方在印度独立运动上存在分歧，但建立起真挚的友谊。1919 年泰戈尔为抗议英国人指挥的军队在阿姆利则开枪屠杀印度平民而放弃了英国国王于 1915 年授予他的骑士称号。20 世纪前三十年，泰戈尔曾先后访问英国、美国、日本、加拿大、秘鲁、墨西哥、阿根廷、中国和苏联等国，三十年代末呼吁反抗德、意、日法西斯发动的侵略战争。1941 年，泰戈尔在加尔各答祖宅与世长辞。他的作品主要是用孟加拉语写成的。

访问中国是泰戈尔多年的夙愿。1924年4月12日泰戈尔应梁启超讲学社邀请乘船抵达上海，开始对上海、杭州、南京、北京等七座城市历时五十天的访问，新月派诗人徐志摩全程陪同，并担任泰戈尔演讲的翻译。5月8日北京各界人士集会庆祝泰戈尔六十四岁华诞，梁启超赠送泰戈尔中文名字“竺震旦”。泰戈尔访华期间曾在访谈和演讲中表示，他来华的目的是重启古代精神交通的道路，继续印度以前到中国来的贤哲所未竟的事业，并呼吁中印两国人民共同承担发扬东方精神文明、反对西方物质文明的使命。本篇是1924年5月1日泰戈尔对清华大学学生的演讲，他以诗一般的语言开篇：“我在向日落之州的海岸逼近。你们站在彼岸与冉冉升起的太阳同在。”最后以预言般的告诫结束：“我由衷地恳请大家不要被庸俗的力量和惊人的规模诱惑，被毫无意义没有尽头地聚敛财富的意志和无限增长的数量动摇心智。”通篇闪耀着泰戈尔生命哲思的光彩，对中国青年怀有极高的期许，乃至偏爱。泰戈尔访华正值中国新文化运动时期，左翼作家、西化派、国粹派就中西文化的本质和优劣展开大论战。一方面，陈独秀、瞿秋白、鲁迅、沈雁冰、恽代英等左翼文化人认为在科学思想薄弱，急需走向现代化的中国，泰戈尔宣扬的精神文明的“救世福音”不适合中国的国情。另一方面，徐志摩、梁启超、郑振铎、梁漱溟、辜鸿铭等人高度赞扬泰戈尔代表的东方式的理想主义精神。

“中国篇”非指地域，而是关于中国的主题。泰戈尔虽是外国人，但他在清华大学的演讲，通篇都是讲中国，所以收入中国主题篇。

泰戈尔

在清华大学的演讲

我年轻的朋友们，我隔着年龄的鸿沟注视着你们透露聪慧和热切兴趣的年轻面庞。我在向日落之州的海岸逼近，你们站在彼岸与冉冉升起的太阳同在。我的心驰往你们的心，给你们以祝福。

我羡慕你们。在我小时候，我们还处在逐渐消退的暗夜中，还不能完全明白迎接我们诞生的是一个多么伟大的时代。今天这个伟大时代的意义和启示已清晰起来。我相信此刻世界各地都有人听到了它的召唤。

这对你们是多么激动人心的事情，你们属于整个人类史上最伟大的时代之一，又该肩负起多么重大的责任！我们透过痛苦的鲜红火光，在已经降临到我们身上、在全世界蔓延的痛楚中，模糊地感知到这个时代的伟大，然而我们还不十分清楚它具体会是什么模样。

蕴含独立生命的种子并不知晓自身全部的真相。我们从萌发的叶鞘无从得知生命会以何种形式展露自己，树枝会结出怎样的果实。

在人类历史上，造化的力量往往在暗中进行，人类却有幸能够引导这股力量的走向，借此参与到自身命运的发展中。当今时代的叶鞘已然萌发。这个新生命成长的脉动要靠你们，你们每一个人去触摸。

如今我身在中国，我问你们，同时扪心自问，你们有什么，你们可以从自家拿出什么向这个新时代献礼？你们必须回答这个问题。你们了解自己的心灵吗？了解自己的文化吗？你们自己历史中最精华和最永恒的部分是什么？你们至少必须知道这些才能让自己摆脱奇耻大辱，从受人蔑视、被人排斥的侮辱中解脱出来。请亮出你们的那盏灯，为世界文化的盛大灯节增添光彩。

我听到一种说法，你们当中有人说，你们信奉实用主义和物质主义；你们只攀附这个世界的这种人生；你们并不放飞梦想追寻这个世界之外的遥远生活的辽阔天空。

可是我却无法说服自己相信这个世上的任何国家可以在一味追求物质的同时成就伟大。我坚信亚洲没有哪国民众完全陷入物质享受的漩涡。在它的蓝色天穹上，在太阳的金色光芒中，在广袤的星空中，在四季送来各自的花篮的新陈代谢中，有某种存在通过某种方式让我们领悟生存的内在旋律，我知道你们并非没有听见。

物质主义具有独占性，信奉物质主义的人强调个人享乐、敛财和占有财产的个人权利。你们中国人不是个人主义者。你们的社会本身就是你们的共同灵魂的产物。它绝不会来自一个崇尚物质主义和个人主义的心灵，绝不会充斥拒绝承认对他人负有义务的不受限制的竞争。

我看到中国尚未感染在全球肆虐的疾病，没有毫无意义地疯狂翻腾百万数值或者制造被称为百万富翁的奇异生物。我听说你们和其他人不一样，你们并不推崇军国主义的蛮力。你们若真的都是物质主义者，这一切就不可能发生。

的确，你们怀着浓烈的依恋之情热爱着这个世界和你们周边的物质存在，但你们的爱并没有把你们的所有物封闭在独占的墙壁之内。你们分享自己的财富，对待远亲如同贵宾，没有毫无节制地聚敛财富。这一切成为可能的唯一条件是你们不耽于物质的索取与享乐。

我在你们的国家一路游山玩水，看到你们倾注了多少心血使大地变得硕果累累，给日常使用的物品赋予了多么美好的特质。倘若你们只是贪图物利，这一切怎么可能实现呢？

倘若你们奉贪婪为神明，只求实用的价值，这会在与你们的环境的触碰中使后者美丽和优雅的特质迅速凋零。你们不是已经看到了吗？在上海，在天津，在纽约、伦敦、加尔各答、新加坡，在香港，在全世界，哪里没有这类面目可憎、横行无忌的丑陋巨怪？它们触碰到的一切都被剥夺生命和优雅，仿佛上帝收回了他的祝福。唯独北平没有显示任何这样的迹象，反而呈现出人类彼此联结的一种令人惊叹的美，哪怕这里最寻常的店铺也会有简单的装潢。这显示你们热爱自己的生活。爱赋予它触碰的一切事物以美感。贪婪和实用却不行：它们只能打造办公室，布置不出住宅。

假使我们能够爱护物品，给它们披上柔和优雅的逸致，同时还能保持心灵不为它们牵累，我们就做出了巨大的贡献。上帝期望我们能够把这个世界变成自己的家园，而不仅仅把它当作租屋来居住。我们必须有所付出才能使它成为家园，而这个付出就是从我们的灵魂给它输送爱和美。你们凭经验就可以看出美丽、娇嫩、亲切的事物与整齐死板、有用单调的事物之间的差异。

过分强调实用会扼杀美。如今世上制造了无以计数的商品，建立了庞大的组织机构和行政帝国，它们无不阻挡了生活的路途。文明在期待一次圆满的实现，期待它的灵魂得到美的表达。这必将是你们要为世界做出的贡献。

你们创造美好的事物到底有何好处呢？你们通过赋予你们的物品以美感，让我这个来自遥远国度的异乡人有宾至如归之感。我没有觉得它们是我路上的绊脚石，它们的美让我的灵魂欣喜，让我由衷觉得它们就属于我。在其他国家，物品只是简单的堆积，恍若生活在古埃及的某座帝王墓穴，那些物品发出威胁的吼叫——“走开”。但我发现你们国家的日常物品具有一种迷人的特质，它们散发的不是生人勿进的气息，而是一种邀请："请来接受我们吧"。

你们打算忘记自己宝贵的天赋担负的责任，荒废这种使一切变得美丽的才能，任由粗制劣造的洪流将它吞噬吗？

畸形已经进驻你们的市场，正在迅速侵蚀你们的心灵和审美的领域。假使你们接受它作为永远的客人，假使你们任由这种戕害愈演愈烈，那么，在一两代人后，你们就会彻底扼杀这项伟大的天赋。到时还剩下什么呢？你们获得的生存特权能够给人类提供什么回报呢？

好在你们没有让自己一直保持丑陋的性情。我无论如何都无法相信你们会变成那样。

你们也许会说："我们想要进步。"是的，你们在过去的岁月的确取得了令人惊叹的进步，缔造了其他民族纷纷借鉴和模仿的伟大发明。你们没有游手好闲，得过且过。而且所有这些进步从来没有带来不必要的物质，拖累你们的生活。

为什么永远会有一道鸿沟横亘在进步和完美之间？如果你们能发挥美的天赋，在鸿沟上架起桥梁，你们就为人类做出了巨大的贡献。

你们的使命就是要证明对大地的爱，对大地万物的爱可以不受物质主义的污染，不掺杂丝毫的贪欲。贪婪之人被欲望的绳索捆绑在他的所有物上。你们没有被束缚，因为你们不辞辛劳地促成事物呈现完美的状态。

你们凭借本能就领悟了万物韵律的奥秘，并非科学蕴藏的力量的秘密，而是表达的奥秘。这是一种伟大的天赋，因为唯有神知晓这个谜底。请从造化万物，从花朵、繁星、草叶中看看表达的神迹。你们无须在实验室分析这种难以捉摸的美的秘密。你们是多么幸运——你们凭本能就能悟出。这种天赋无法传授，但你们可以让我们与你们共享它的果实。

拥有此种完美品性的事物属于全人类。它们作为美的化身，不能被关在紧闭的门内——这是上帝不会容许的渎神的行径。倘若你们成功地创造了美，这本身就是好客的体现，我一个异乡人可以在这片美的热土上找到自己的家园。

我累了，也老了，这也许是我跟你们的最后一次见面。借此场合我由衷地恳请大家不要被庸俗的力量和惊人的规模诱惑，被毫无意义没有尽头地聚敛财富的意志和无限增长的数量动摇心智。

请守护完美的理想，并以它作为你们的所有工作和活动的终极目标。那么，你们就能在热爱世间万物的同时不被它们伤害，你们就能建造人间的天堂，赋予万物以灵魂。

（吴冬月　译，陈力川　校）

胡适
字适之

1891—1962

学者、历史学家、思想史家，出生于江苏省松江府川沙县，自幼进家塾读书，十五岁考取中国公学，十九岁考取庚子赔款官费生，留学美国，先入康奈尔大学选读农科，1915 年入哥伦比亚大学研究院，师从著名实用主义哲学家约翰·杜威，研究实用主义（实验主义）哲学，1917 年夏通过哲学博士学位考试后回国，受聘为北京大学教授。1918 年加入《新青年》编辑部，同时从事白话文学创作，1922 年任北京大学教务长兼代理文科学长，1920 年创办《努力周报》和《现代评论》，1927 年获得哥伦比亚大学哲学博士学位，1928 年，创办《新月》杂志，1932 年任北京大学文学院院长兼中国文学系主任，创办《独立评论》。1946 年任北京大学校长，1958 年任台湾

“中央研究院”院长，1960 年与雷震等人连署反对蒋介石三连任，1962 年在台北病逝。胡适主要著作有《中国哲学史大纲》(上)、《尝试集》、《白话文学史》(上)和四集《胡适文存》等。

这是1932年6月，时任北京大学文学院院长的胡适对毕业生发表的演说。两年后他在参加其他大学毕业典礼的时候说：“我心里要说的话，想来想去，还只是这三句话，要寻问题，要培养业余兴趣，要有信心。”他还进一步解释说：“一、总得时时寻一个两个值得研究的问题。一个青年人离开了做学问的环境，若没有一个两个值得解答的疑难问题在脑子里打旋，就很难保持学生时代的追求知识的热心。二、总得多发展一点业余的兴趣。毕业生寻得的职业未必适合他所学的；或者是他所学的，而未必真是他所心喜的。最好的救济是多发展他的职业以外的正当兴趣和活动。三、总得有一点信心。今日国家民族的失败都由于过去的不努力；我们今日的努力必定有将来的大收成。”1960年6月18日，时任台湾“中央研究院”院长的胡适在台湾成功大学毕业典礼的致辞中将这三味药概括为“问题丹、兴趣散、信心汤”。

胡适

赠与今年的大学毕业生

一两个星期里，各地的大学都有毕业的班次，都有很多的毕业生离开学校去开始他们的成人事业。

学生的生活是一种享有特殊优待的生活，不妨幼稚一点，不妨吵吵闹闹，社会都能纵容他们，不肯严格地要他们负行为的责任。现在他们要撑起自己的肩膀来挑他们自己的担子了。在这个国难最紧急的年头，他们的担子真不轻！我们祝他们的成功，同时也不忍不依据自己的经验，赠他们几句送行的赠言——虽未必是救命毫毛，也许做个防身的锦囊罢！

你们毕业之后，可走的路不出这几条：绝少数的人还可以在国内或国外的研究院继续做学术研究，少数的人可以寻着相当的职业，此外还有做官、办党、革命三条路，此外就是在家享福或者失业亲居了。

走其余几条路的人，都不能没有堕落的危险。堕落的方式很多，总括起来，约有这两大类：

第一是容易抛弃学生时代求知识的欲望。你们到了实际社会里，往往学非所用，往往所学全无用处，往往可以完全用不着学问，而一样可以胡乱混饭吃，混官吃。在这种环境里即使向来抱有求知识学问的人，也不免心灰意懒，把求知的欲望渐渐冷淡下去。况且学问是要有相当的设备的，书籍、实验室、师友的切磋指导、闲暇的工夫，都不是一个平常要糊口养家的人能容易办到的。没有做学问的环境，又谁能怪我们抛弃学问呢？

第二是容易抛弃学生时代理想人生的追求。少年人初次和冷酷的社会接触，容易感觉理想与事实相去太远，容易发生悲观和失望。多年怀抱的人生理想、改造的热诚、奋斗的勇气，到此时候，好像全不是那么一回事了。渺小的个人在那强烈的社会炉火里，往往经不起长时期的烤炼就熔化了，一点高尚的理想不久就幻灭了。抱着改造社会的梦想而来，往往是弃甲抛兵而走，或者做了恶势的俘虏。你在那牢狱里，回想那少年气壮时代的种种理想主义，好像都成了自误误人的迷梦！从此以后，你就甘心放弃理想人生的追求，甘心做现在社会的顺民了。要防御这两方面的堕落，一面要保持我们求知识的欲望，一面要保持我们对人生的追求。

有什么好方子呢？依我个人的观察和经验，有三种防身的药方是值得一试的。

第一个方子只有一句话："总得时时寻一两个值得研究的问题！"问题是知识学问的老祖宗，古往今来一切知识的产生与积聚，都是因为要解答问题——要解答实用上的困难和理论上的疑难。所谓"为知识而求知识”，其实也只是一种好奇心追求某种问题的解答，不过因为那种问题的性质不必是直接应用的，人们就觉得这是无所谓的求知识了。

我们出学校之后，离开了做学问的环境，如果没有一二个值得解答的问题在脑子里盘旋，就很难保持求学问的热心。可是，如果你有了一个真有趣的问题逗你去想他，天天引诱你去解决他，天天对你挑衅，你无可奈何他——这时候，你就会同恋爱一个女子发了疯一样，坐也坐不下，睡也睡不安，没工夫也得偷出工夫去陪她，没钱也得缩衣节食去巴结她。没有书，你自会变卖家私去买书；没有仪器，你自会典押衣物去置办仪器；没有师友，你自会不远千里去寻师访友。你只要有疑难问题来逼你时时用脑子，你自然会保持发展你对学问的兴趣，即使在最贫乏的知识中，你也会慢慢地聚起一个小图书馆来，或者设置起一所小试验室来。所以我说，第一要寻问题。脑子里没有问题之日，就是你知识生活寿终正寝之时！古人说，“待文王而兴者，凡民也。若夫豪杰之士，虽无文王犹兴”。试想伽利略和牛顿有多少藏书？有多少仪器？他们不过是有问题而已。有了问题，而后他们自会造出仪器来解决他们的问题。没有问题的人们，关在图书馆里也不会用书，锁在试验室里也不会有什么发现。

第二个方子也只有一句话：“总得多发展一点非职

业的兴趣。”离开学校之后，大家总是寻个吃饭的职业。可是你寻得的职业未必就是你所学的，未必是你所心喜的，或者是你所学的而和你性情不相近的。在这种情况之下，工作往往成了苦工，就不感觉兴趣了。为糊口而做那种非“性之所近而力之所能勉”的工作，就很难保持求知的兴趣和生活的理想主义。最好的救济方法只有多多发展职业以外的正当兴趣与活动。

一个人应该有他的职业，也应该有他非职业的玩意儿，可以叫作业余活动。往往他的业余活动比他的职业还更重要，因为一个人成就怎样，往往靠他怎样利用他的闲暇时间。他用他的闲暇来打麻将，他就成了个赌徒；你用你的闲暇来做社会服务，你也许成个社会改革者；或者你用你的闲暇去研究历史，你也许成个史学家。你的闲暇往往定你的终身。英国 19 世纪的两个哲人，弥儿终身做东印度公司的秘书，然而他的业余工作使他在哲学上、经济学上、政治思想史上都占一个很高的位置；斯宾塞是一个测量工程师，然而他的业余工作使他成为前世纪晚期世界思想界的一个重镇。古来成大学问的人，几乎没有一个不善用他的闲暇时间的。特别在这个组织不健全的中国社会，职业不容易适合我们的性情，我们要想生活不苦痛、不堕落，只有多方发展。

有了这种心爱的玩意儿，你就做六个钟头抹桌子工作也不会感觉烦闷了，因为你知道，抹了六个钟头的桌子之后，你可以回家做你的化学研究，或画完你的大幅山水，或写你的小说戏曲，或继续你的历史考据，或做你的社会改革事业。你有了这种称心如意的活动，生活就不枯寂了，精神也就不会烦闷了。

第三个方法也只有一句话：“你得有一点信心。”我们生当这个不幸的时代，眼中所见，耳中所闻，无非是叫我们悲观失望的。特别是在这个年头毕业的你们，眼见自己的国家民族沉沦到这步田地，眼看世界只是强权的世界，望极天边好像看不见一线的光明——在这个年头不发狂自杀，已算是万幸了，怎么还能够保持一点内心的镇定和理想的信任呢？我要对你们说：这时候正是我们要培养我们的信心的时候！只要我们有信心，我们还有救。

古人说：“信心可以移山。”又说：“只要工夫深，生铁磨成绣花针。”你不信吗？当拿破仑的军队征服普鲁士，占据柏林的时候，有一位教授叫做费希特的，天天在讲堂劝他的国人要有信心，要信仰他们的民族是有世界的特殊使命的，是必定要复兴的。费希特死的时候，谁也不能预料德意志统一帝国何时可以实现。然而不满五十年，新的统一的德意志帝国居然实现了。

一个国家的强弱盛衰，都不是偶然的，都不能逃出因果的铁律的。我们今日所受的苦痛和耻辱，都只是过去种种恶因种下的恶果。我们要收获将来的善果，必须努力种现在新因。一粒一粒地种，必有满仓满屋的收，这是我们今日应有的信心。我们要深信：今日的失败，都由于过去的不努力。我们要深信：今日的努力，必定有将来的大收成。

佛典里有一句话："福不唐捐。"唐捐就是白白地丢了。我们也应该说："功不唐捐！"没有一点努力是会白白地丢了的。在我们看不见想不到的时候，在我们看不见的方向，你瞧！你下的种子早已生根发叶开花结果了！你不信吗？法国被普鲁士打败之后，割了两省地，赔了五十万万法郎的赔款。这时候有一位刻苦的科学家巴斯德终日埋头在他的化学试验室里做他的化学试验和微菌学研究。他是一个最爱国的人，然而他深信只有科学可以救国。他用一生的精力证明了三个科学问题：

1. 每一种发酵作用都是由于一种微菌的发展；

2. 每一种传染病都是一种微菌在生物体内的发展；

3. 传染病的微菌在特殊的培养之下可以减轻毒力，使他们从病菌变成防病的药苗。

这三个问题在表面上似乎都和救国大事业没有多大关系。然而从第一个问题的证明，巴斯德定出做醋酿酒的新法，使全国的酒醋业每年减除极大的损失。从第二个问题的证明，巴斯德教全国的蚕丝业怎样选种防病，教全国的畜牧农家怎样防止牛羊瘟疫，又教全世界怎样注重消毒以降低外科手术的死亡率。从第三个问题的证明，巴斯德发明了牲畜的脾热瘟的疗治药苗，每年替法国农家减除了二千万法郎的大损失；又发明了疯狗咬毒的治疗法，救济了无数的生命。所以英国的科学家赫胥黎在皇家学会里称颂巴斯德的功绩道："法国给了德国五十万万法郎的赔款，巴斯德先生一个人研究科学的成就足够还清这一笔赔款了。"巴斯德对于科学有绝大的信心，所以他在国家蒙奇辱大难的时候，终不肯抛弃他的显微镜与试验室。他绝不想他的显微镜底下能偿还五十万万法郎的赔款，然而在他看不见想不到的时候，他已收获了科学救国的奇迹了。

朋友们，在你最悲观失望的时候，那正是你必须鼓起坚强的信心的时候。你要深信：天下没有白费的努力。成功不必在我，而功力必不唐捐。

劝导篇

戴高乐　对德国青年的演讲

布罗茨基　在威廉斯学院毕业典礼上的致辞

莱文　迈出下一步

乔布斯　保持求知欲，保持赤子心

奥巴马　我们为什么要上学?

沙洛维　论感恩（节选）

夏尔·戴高乐

Charles de Gaulle

1890—1970

法国军事家、政治家。父亲是文学和历史教师，戴高乐受其影响，从小喜欢阅读历史。1912 年毕业于圣西尔军校，被授予少尉军衔。第一次世界大战期间在凡尔登战役中受伤，被德军俘虏，囚禁时间超过两年半，曾五次越狱失败。被俘期间通过德文报纸学习德语，掌握读写能力。1940 年 6 月，第二次世界大战初期，戴高乐由上校晋升为将军，德军占领法国后，赴英国组织抵抗纳粹的自由法国运动，被维希傀儡政府缺席判决死刑。1944 年 6 月，盟军在诺曼底登陆，8 月 25 日，戴高乐进入巴黎，在市政厅的阳台上对民众发表演说。战后，戴高乐曾短期担任法国临时政府首脑，由于和国会在修宪加强总统权力上发生矛盾而辞职，赋闲在家撰写《战争回忆录》。1958

年，法国国会在阿尔及利亚危机中授予戴高乐全权，并委托其制定新宪法。同年 9 月，全民公决通过新宪法，成立法兰西第五共和国，11 月国会选举，戴高乐组建的政党法兰西人民联盟赢得多数席位，12 月，戴高乐当选为第五共和国第一任总统。1965 年在法国首次全民普选中击败密特朗连任。1969 年他提出的参议院改革修宪案被公投否决后辞职，1970 年 11 月 9 日在科隆贝家中去世，遗嘱不举行国葬。2005 年，法国国家电视台举行“最伟大的法国人”的评选活动，戴高乐当选为有史以来最伟大的法国人。

戴高乐于1958年重返政坛后致力于法德和解，主张以法德两国为核心整合欧洲，与时任联邦德国总理的康拉德·阿登纳交好。1962年7月，阿登纳总理访问法国，同年9月，戴高乐总统回访，先后走访伯恩、汉堡、慕尼黑、科隆，受到德国各界民众的热情欢迎。9月9日，戴高乐总统在位于斯图加特附近的路德维希堡宫用德语对德国青年发表演讲，将这次历史性的访问推向高潮。戴高乐在演讲中呼吁德法两国青年学会控制和使用物质进步，使自己变得更自由，更有尊严，使全体人类从中受益，而不独为特权者享用。他还坚定地表示，法德两国人民的相互尊重、信任和友好是重建欧洲的坚实基础。1963年，《德法合作条约》在巴黎爱丽舍宫签订，奠定了欧洲联盟的基础。

戴高乐

对德国青年的演讲

我祝贺你们！首先祝贺你们年轻。只要看到你们眼中的火花，听到你们刚劲的证言，感受你们当中每个人所展现的热情和你们全体所代表的集体跃进就知道，在你们的冲劲面前，生命健康有为，未来属于你们。其次，我祝贺你们是德国青年，也就是说，一个伟大民族的子弟。

是的，一个伟大的民族！在历史长河中，有时犯过严重的错误，造成该受谴责也受到了谴责的巨大灾难；但另一方面，也在世界上传播了丰富的思想、科学、艺术和哲学思潮，用无数发明、技术和劳动成果充实了世界，并在和平的危难和战争的考验中，表现了非凡的勇气、纪律和组织性。深知何为创业、努力、付出和苦难的法国人民毫不犹豫地承认这一点。最后，我祝贺你们是我们这个时代的年轻人。你们步入社会之日正是我们人类开启新的生活之时。

在一种暗力量的驱使下，遵循某种人们说不清道不明的法则，所有在物质领域涉及我们生活的事物以一种不断加速的节奏发展变化。你们这一代正在看到，而且毫无疑问，还将继续看到科学家的发现和机器组合的结果不断衍生，它们将深刻改变人类的物质条件。然而，在你们的生命面前展开的新的、神奇的领域，要靠今天年龄跟你们相仿的人的行动，才能让所有人类兄弟从中受益，而不独为特权者享用。你们要有让进步成为公共财富的雄心，人人有份，使其能在世界各地，尤其是在像我们这样创造文明的国家，增添美、正义和善，给未发达地区的数十亿居民提供战胜饥饿、贫困、无知，以及得到全部尊严的手段。但是我们生活的世界是危险的，特别因为事关道德和社会问题而尤其危险。

重要的是知道，随着这一百年的变化，人是否会成为团体的奴隶，是否会时刻被一个巨大的白蚁巢沦为一环扣一环的齿轮，或者相反，人愿意并且懂得控制和使用物质进步，使自己变得更自由，更有尊严，更好。这是一场世界性的大论战，它将世界分为两个阵营，一方像德国和法国那样，要求其人民实践他们的理想，并用其政策支持这一理想，如果必要的话，还会不惜通过战斗来捍卫这一理想，直至胜利。今后我们必须构建这一合情合理的团结互助，这是政府的任务。但是我们还必须使它具有生命力，这首先是青年的事业。随着国家之间的经济、政治、文化合作向前发展，德国青年和法国青年须各自做到使你们的所有领域和我们的所有领域不断接近，更好地相互了解，更紧密地联系在一起！我们两国的未来是法国人民和德国人民相互尊重、信任、友好，这可以而且应该成为欧洲联盟建设的基础，也是世界自由最可靠的王牌。

（陈力川　译）

约瑟夫·布罗茨基

Joseph Brodsky

1940—1996

美籍俄裔诗人，出生于苏联列宁格勒的一个犹太家庭，父亲从事海军摄影，母亲是翻译。布罗茨基十五岁辍学打工，先后换过十余种工作，同时自学波兰文和英文，翻译切斯瓦夫·米沃什和约翰·多恩的诗歌，阅读历史、文学、哲学和神话书籍，并开始写诗，部分作品发表于地下刊物，或以朗诵和手抄本的形式在社会流传，受到女诗人阿赫玛托娃的赏识。1963 年，早期代表作长诗《悼约翰·邓》发表，同年年底被捕。1964 年，被控以“社会寄生虫”罪名，判处五年苦役，发配北部边疆，在白天繁重的体力劳动后，晚上研读英国诗人奥登等人的作品。服刑期间，他的第一部诗集《韵文与诗》在美国出版。在阿赫玛托娃、肖斯塔科维奇和叶甫图申科等苏联知名人士及西方作家的声援下，布罗茨基服刑十八个月后提前获释，回到列宁格勒。《山丘和其他》《荒野中的停留》等诗集陆续在美国、法国、英国和西德出版。1972 年 6 月，他被剥夺苏联国籍，驱逐出境。当局要将他送往以色列，布罗茨基要求去奥登所在地维也纳，受到奥登的热情接待，并邀请他一起去伦敦出席国际诗歌节。布罗茨基随后收到美国密歇根大学住校诗人的邀请，开始了他在美国教书、写作的生活。1977 年加入美国籍，并当选美国艺术与科学学院院士和全美艺术与文学学会会员，出版了《诗选》《言论之一部分》《致乌拉尼亚》《20 世纪历史》等十余部俄文和英文诗集，以及《小于一》《水印》《悲伤与理智》三本英文散文集。1987 年，布罗茨基因其作品“超越时空限制，无论在文学上及敏感问题方面，都充分显示出他广阔的思想和浓郁的诗意”而获得诺贝尔文学奖。布罗茨基曾动过两次心脏手术，1996 年 1 月 28 日，诗人在纽约家中因突发心脏病于睡梦中去世。

这是一篇极为特殊的，需要认真思考才能理解的演讲词。布罗茨基年轻时在苏联有过被监禁、审判、流放和做苦役的经历，其“罪名”仅仅是没有固定职业和写诗。他在苏联北部边远地区的劳改农场伐木时，常因无法承受繁重的体力劳动而晕倒。布罗茨基在这篇发表于1984年的演讲中讲述了一件二十年前发生在劳改监狱的事情（从年龄上判断，那个连续劈柴十二个小时的囚犯很可能就是他自己），他提醒一批即将走入社会的青年，恶是这个世界上一种普遍的存在，它完全是人性的。它常常隐藏于大多数人之中，而且“往往会以善的面目出现”。布罗茨基直言他为在公开场合讨论秘密抵抗恶的策略而不安，因为在每一代人中有潜在的受害者，必有潜在的恶棍，而他之所以这样做，是希望受害者永远比恶人“更富有发明才干，更富有独创思想，更富有进取心”。

布罗茨基

在威廉斯学院毕业典礼上的致辞

1984 届的女士们、先生们：

无论你们选择做多么勇敢或谨慎的人，在你们一生中，都一定会与所谓的恶发生实际接触。我指的不是某本哥特式小说的特征，而是，说得客气些，一种你们无法控制的可触摸的社会现实。无论你多么品性良正或精于计算，都难以避免这种遭遇。事实上，你越是计算，越是谨慎，这邂逅的可能性越大，冲击力也就越强烈。这就是生命的结构，我们认为是恶的东西有能力做到无所不在，原因之一是它往往会以善的面目出现。你永远不会看到它跨进你的门槛宣布：“喂，我是恶！”当然，这显示出它的第二种属性，但是我们可从这一观察所获得的安慰，往往被它出现的频率减弱。

因此，较审慎的做法是，尽可能密切地检视你有关善的概念，容许我打个比方，去细心翻查一下你的衣柜，看是不是有一件适合陌生人穿的衣服。当然，这有可能会变成一份全职工作，而它确实应该如此。你会吃惊地发现，很多你认为是属于你自己的并认为是好的东西，都能轻易地适合你的敌人，而不必怎样去调整。你甚至会开始奇怪到底他是不是你的镜像，因为有关恶的最有趣的事情莫过于它完全是人性的。温和一点儿说，世上最容易里面朝外反过来穿的，莫过于我们有关社会公义、公民良心、美好未来之类的概念了。这里，一个最明确的危险信号是那些与你持同样观点的人的数目，而这与其说是因为意见一致具有沦为一言堂的倾向，不如说是因为这样一个可能性——隐含于大数目中——即高贵的情感会被伪装出来。

基于同样的原因，对抗恶的最切实的办法是极端的个人主义、独创性的思想、异想天开，甚至——如果你愿意——怪癖。即是说，某种难以假装、伪造、模仿的东西，某种甚至连老练的江湖骗子也会感到不高兴的东西。换句话说，即是某种像你自己的皮肤般不能分享的东西：甚至不能被少数人分享。恶喜欢稳固。它永远借助大数目，借助自以为是的花岗岩，借助意识形态的纯正，借助训练有素的军队和稳定的资产。它借助这类东西的癖好大概与其内在的不安全感有关，但是，相对于恶的胜利来说，明白这点同样难以获得多少安慰。

恶确实胜利了：在世界的很多地方，在我们自己身上。有鉴于它的幅度和强度，尤其是有鉴于那些反对它的人的疲累，恶今天也许不应被划入伦理范畴，而应被视为一种不能再以粒子计算，而是在地理上进行划分的物理现象。因此，我对你们谈论这一切的理由与你们年轻、初出茅庐和面对一块干净的写字板毫无关系。不，那写字板脏得黑不溜秋，很难相信你们有足够的能力和意志去清洁它。我这次谈话的意图只是想向你们说明一种抵制方法，也许有朝一日用得上。这种方法也许可以帮助你们在遭遇恶之后不至于被弄得太脏，尽管不见得会比你们的先行者更有胜算。不用说，我心中想的是“把另一边脸也凑上去”这一盘有名的生意。

我猜你们以这样或那样的方式听过列夫·托尔斯泰、圣雄甘地、小马丁·路德·金和其他很多人对这句来自“山上宝训”的话所做的解释了。换句话说，我猜你们都熟悉非暴力抵抗或消极抵抗这个概念，它的主要原则是以善报恶，即是说，不以牙还牙。今日这个世界之所以落到这个地步，至少表明了这个概念远远没有受到普遍珍视。它不能深入民心有两个原因。首先，实践这个概念需要相当程度的民主，而这正是地球百分之八十六的地区所欠缺的。其次，谁都知道，让一个受害者把另一边脸也凑上去而不是以牙还牙，充其量只能得到一种道德上的胜利，也即得到某种看不见摸不着的东西。出于本能地不让你身体的另一边遭受另一记重击是有其道理的，因为谁都会担心，这样做只会使恶得寸进尺；担心道德胜利可能会让那敌人误以为他不会受惩罚。

还有其他更严重的理由需要担忧。如果那第一拳没有把受害者脑中的所有神志都打掉，他也许会明白到，把另一边脸也凑上去无异于操纵攻击者的内疚感，更不要说他的报应了。这样一来，道德胜利本身就不见得很道德了，不仅因为受苦经常有自我陶醉的一面，还因为它使受害者优越起来，即是说，胜过他的敌人。然而，无论你的敌人多么恶，关键在于他是有人性的；尽管我们无能力像爱我们自己那样爱别人，但是我们知道，当一个人开始觉得他胜于另一个人时，恶便开始生根了（这就是为什么你首先被打了右脸）。因此，一个人把另一边脸也凑上去给敌人打，充其量只能满足于提醒后者他的行为是徒劳的。“瞧”，另一边脸说，“你只是在打肉罢了。那不是我。你打不垮我的灵魂。”当然，这种态度的麻烦在于，敌人可能恰恰会接受这种挑战。

二十年前，下述情景发生于俄罗斯北方无数监狱的其中一个放风场里。早上 7 点钟，牢门打开了，门槛上站着一个看守，他向囚犯们宣布：“公民们！本监狱的全体看守挑战你们囚犯，进行竞赛，把堆在我们放风场里的木材劈光。”那些地方没有中央暖气，而当地警察可以说像征税那样要求附近所有的木材公司缴纳十分之一的产量。我说的这件事发生时，放风场看上去像一个十足的贮木场：木材堆得有两三层楼高，使监狱那个一层楼高的四方院本身相形见绌。木材显然需要劈，不过这类竞赛却并非第一次。“要是我拒绝参加呢？”一名囚犯问道。“嗯，那你就没饭吃。”看守答道。

接着，囚犯们拿了派发的斧头，开始劈起来。囚犯和看守都干劲十足，到中午时分，他们全都筋疲力尽，尤其是那些永远营养不良的囚犯。看守们宣布小休，大家坐下来吃饭：除了那个提问题的家伙。他继续挥舞斧头。囚犯和看守们都拿他当笑料，大概是说犹太人通常被认为是精明的，而这家伙……诸如此类。小休之后他们继续干活，尽管速度已多少减慢了。到下午 4 点，看守们停下来，因为他们换班时间到了；不一会儿囚犯们也停下来了。那个家伙仍在挥舞手中的斧头。有好几次，双方都有人要求他停下来，但他不理睬。看上去好像他获得了某种节奏，而他不愿意中断；或者是不是那节奏使他着了魔？

在别人看来，他就像一台自动机器。5 点、6 点，那柄斧头仍在上下挥舞。看守和囚犯们这回认真地瞧着他，他们脸上那嘲弄的表情也逐渐变得先是迷惑继而恐惧。到 7 点半，那个家伙停下来，蹒跚地走进牢房，倒头便睡。在他以后坐牢的时间里，再也没人号召看守与囚犯进行竞赛，尽管木材堆得越来越高。

我觉得那个家伙能这样做——连续十二小时劈木材——是因为当时他还很年轻。事实上他那时是二十四岁，仅比你们略大。然而，我想他那天的行动可能还有另一个理由。很可能这个年轻人——正因为他年轻——

把“山上宝训”的内容记得比托尔斯泰和甘地都要牢。因为耶稣讲话有三合一的习惯，那位年轻人可能记得那句相关的话并非停止在

但若有人打你的右脸，把左脸也转过去由他打。

而是继续下去，没有句号或逗号：

而若是有人控告你，要拿走你的里衣，连外衣也给他。若是有人强迫你走一里路，就跟他走两里。

全部引述下来，可见这些诗句事实上与非暴力抵抗或消极抵抗，与不以牙还牙、要以善报恶没有什么关系。这几行诗的意思一点也不消极，因为它表明，可以因过量来使恶变得荒唐；它表明，通过把你的顺从大幅度扩大，远远超出恶的要求，可使恶变得荒唐，使伤害失去价值。这种方法使受害者处于十分积极的位置，进入精神侵略者的位置。在这里有可能达到的胜利并不是道德上的，而是生存上的胜利。那另一边脸并不是启动敌人的内疚感（这是他绝对可以消除的），而是把他的五官感觉暴露给整件事情的无意义：就像任何大量生产一样。

让我提醒你们，我们在这里谈论的并不是涉及公平

决斗的情况。我们是在谈论一个人一开始就处于无望的劣势的情况，在那种情况下，他根本没有还击的机会，也完全没有任何胜算可言。换句话说，我们是在谈论一个人一生中非常黑暗的时刻，也即他对敌人的道德优越感既不能给予他抚慰，他的敌人又太过于恬不知耻和没有任何恻隐之心，而他则仅有脸、里衣、外衣和一双仍能走一两里路的脚可供调遣。

在这种情况下，根本谈不上有什么战术上的回旋余地。因此，把另一边脸也凑上去应成为你有意识的、冷静的、慎重的决定。你得胜的机会全靠你是否明白你正在干什么，无论这机会多么渺茫。把你的脸凑过去给敌人打时，你要明白这仅是你的磨难和那句箴言的开始——你要能够使自己经受“山上宝训”的整个环节，经受所有那三句诗。否则，断章取义会使你伤残。

把道德建立在一段错误引述的诗上只会招致厄运，或最终变成精神上的布尔乔亚，享受那终极的舒适，即深信不疑的舒适。无论是哪种情况（后者因加入各种善意的团体和非营利组织而最不讨好），结果都只会向恶屈服，推迟对它的弱点的理解。因为，容我提醒你们，恶只能是人性的。

把道德建立在这段错误引述的诗上并没有为甘地之后的印度带来什么改变，除了它的政府的肤色。不过，从一个饥饿者的角度看，无论谁使他饥饿都是一样的。

我猜他可能更愿意让一个白人来为他的悲惨境况负责，原因之一是这样的话，社会之恶也许就会显得像是来自别处，并且也许就会不如落在他自己的族类手中那么难受。在外族的统治下，毕竟仍有希望和幻想的余地。

托尔斯泰之后的俄罗斯情况也相似，把道德建立在这段错误引述的诗上严重地削弱了这个民族对抗警察国家的决心。接下来发生的事情已是家喻户晓：在把另一边脸也凑上去的六十年中，这个民族的脸已变成一个大伤口，以致如今国家连暴力也觉得没意思，索性往那脸上吐唾沫，甚至往世界脸上吐唾沫。换句话说，倘若你想使基督教世俗化，倘若你想把基督的教导翻译成政治术语，你就需要某种不只是现代政治鬼话的东西：你需要拥有原文——至少在你脑中，如果你心中已无余地。因为，基督与其说是一个好人，不如说是一种神圣精神，老是念叨他的善良而不顾他的形而上学是危险的。

我必须承认，我对谈论这些事情感到有点儿不安：因为要不要把那另一边脸也凑上去毕竟是一件极其私人的事。这种遭遇总是发生在一对一的情况下。那永远是你的皮肤，你的里衣，你的外衣，而走路的永远是你的两腿。奉劝人家使用这些资产即使不是完全错误的，也是不礼貌的，更别说敦促人家了。我在这里只是希望抹去你们心中的一种陈腔滥调，它带来很多伤害，很少收获。我还想给你们灌输这样一种想法，即只要你仍有皮肤、里衣、外衣和两腿，你就还不能言败，无论胜算多少。

然而，在这里公开讨论这些问题还有一个更令人不安的理由，而这个理由并非仅仅是你们很自然地不愿意把你们年轻的自己视为潜在的受害者。不，这只是清醒而已，这种清醒使我也预感你们当中会有潜在的恶棍，而在潜在的敌人面前泄露抵抗的秘密是一个坏策略。也许使我不至于被指控是叛徒，甚或被指控把战术性的现状投射到未来的，是这样一种希望，即受害者永远会比恶棍更富有发明才干，更富有独创思想，更富有进取心。因此受害者也许有胜利的机会。

（黄灿然　译）

理查德·查尔斯·莱文

Richard Charles Levin

1947—

美国经济学家，生于旧金山的一个犹太家庭，1968年毕业于斯坦福大学，曾在牛津大学攻读政治和哲学，1974年获得耶鲁大学经济学博士学位，留校任教，1993年起担任耶鲁大学第二十二任校长，长达二十年。在任期间将耶鲁大学国际化作为重中之重，创立全球化研究中心，让外国学生与美国学生享受同样慷慨的奖学金，为所有本科生在校期间提供去外国读书或实习的机会。莱文五次访问中国，2001年曾在北京大学以“世界大学”为题发表演讲，2005年参加复旦大学百年校庆，并发表演讲。他是北京大学、哈佛大学、普林斯顿大学和牛津大学的荣誉博士，美国艺术与科学院院士。

本文是莱文于1997年5月24日在耶鲁大学本科生毕业典礼上的致辞，这是他以校长身份于1993年迎来的第一届学生，自然倾注了特殊的感情。针对有的毕业生对今后的目标和方向十分明确，有的毕业生不知何去何从的情况，莱文校长讲了两位英国诗人的故事：华兹华斯入读剑桥大学一年后已对自己“诗人的灵魂”坚信不疑。早于华兹华斯一百六十二年考入牛津大学的弥尔顿则是大器晚成，他用许多年酝酿自己“内心的成熟”，五十九岁的时候在双目失明的情况下口述完成并出版不朽的史诗《失乐园》。莱文校长提醒毕业生，不管你们开花的时节是早是晚，不管你们的道路现在是否明确，不管你们拥有外在的自信还是内在的成熟，都要迈出下一步，以持续的学习和忠诚的奉献充实你们的人生。

莱文

迈出下一步

我们曾一起开学。我们相聚在这个大厅，那是一个夏末的酷热天。一场雷阵雨阻止了你们偕同父母从希尔豪斯大道漫步前去花园参加欢迎会。仓促中，我们在餐厅接待了大家，你们上了一份校园幽默杂志的当，以为是参加一个古老的传统仪式，每个人交给我一颗蓝色的珠子。

你们是布罗德黑德院长和我喜迎的第一届学生，也是我们以赞许的目光注视了四年的第一届学生。而今，珠子还给你们，你们再次坐到了我们面前。

这个场合自然会被看作一个结束。这个周末，你们会怀着复杂的心情回顾往事——既为你们取得的成绩骄傲，也为错过的机会遗憾；既有结交了朋友的喜悦，也有与他们分别的感伤。但是，请允许我在你们回顾往事的时刻展望前程。因为这个结束，紧张而丰富的四年的结束被称为commencement，意为开始，绝非偶然。这是一个开端，是你们的一生作为这个国家和世界的独立而有教养的公民的开端。

毕业的字面意义是迈出下一步。你们当中有些人急于迈出这一步，直奔前方，很清楚自己的目标和方向。但是绝大多数人还在焦虑地自问下一步往哪里走。你们当中有这种差别——对未来道路清楚与否——是意料之中的。有些人可能早早就发现了自己的使命。更多时候，这个发现姗姗来迟，而且一生中还可能不止来一次。

值得庆幸的是，我们有许多最伟大的作家留下了对你们现在面临的人生阶段的思考。比较两位最伟大的英国诗人的经历可以使我们得到启迪，并消除疑虑。他们生活在跟我们不同的时代和地点，而且都具有非凡的天赋。但是你们会在他们各自如何选择人生道路的故事中看到熟悉之处。威廉·华兹华斯在 1788 年夏天就有了明确的方向，当时他来到剑桥只有一年。与之相反，被哈罗德·布鲁姆誉为英语诗坛的“启明星和长庚星”的约翰·弥尔顿自认为大器晚成。他于 1629 年毕业，很多年以后才开始展露他的才华。

说来矛盾，两人当中是华兹华斯在学习期间最漫不经心。在自传体诗歌《序曲》中，他告诉我们他对上课、考试和同学之间竞争的厌恶。较之于学习，华兹华斯更亲近自然，他在剑桥的第一年，多数时间都花在独自思考上面，其余时间则享受与朋友为伴的快乐。他经常会为自己未来的生计而忧虑和担心：

最重要的是，奇异笼罩着我的精神，

感觉我不属于那个时辰，
也不属于那个地方。

那年夏天，他回到心爱的湖区，神向他显灵。在《序曲》中，他回忆了整夜“欢快地跳舞”之后，黎明时分回到家中：

那个清晨壮丽，
令人难忘，
是我平生从未见过的辉煌。
大海在远处欢笑，
坚固的群山明亮如彩云；
沐浴在天光中，闪耀着金谷的色泽；
而在草地和低地上，
是往日黎明的甜蜜，
露珠、霏雾、百鸟的旋律，
还有农人走向田野。
——啊！我得说，亲爱的朋友，
我的心充盈满溢；
我没有立下誓言，但誓言
已为我备好；
我应献身于一个未知的圣约，
而且始终不渝，

否则就是犯下重罪。
我在祝福中行进，
这祝福至今不退。

从那一刻起，华兹华斯知道了自己的使命。十五年后他回顾他在剑桥的最后两年时光，这样写道：

那时我诗人的灵魂附体，
甜蜜的冥想，洋溢着幸福与真理，
我有一千个希望，一千个温柔的梦……
正是在那些日子，
使我第一次敢于坚信，
我的一个大胆的想法。
我可能会在身后留下一座丰碑，
供纯洁的心灵敬仰，
而此前这只是我卑微的心愿。

就这样，华兹华斯带着清晰的使命感从剑桥脱颖而出，怀着在身后留下一座丰碑的宏大抱负。我举这个例子不是要吓唬你们，而是要激励你们当中那些希望和梦想已经成形的人。我想对你们说：你们可以实现自己的想象，因为你们所做的准备比自己认为的还要好。与这么多才华横溢的同学和老师为伴，你们可能会觉得自己只是一个资质平庸的人。但是你们没有意识到的一点，你们的老师却看得很清楚，且欣慰不已，即，在这个世界上，你们每个人都具有不同于他人的能力。

对于你们当中那些仍在构筑希望和梦想的人，弥尔顿的例子更为适合。与华兹华斯不同，弥尔顿从一开始就热爱学习，也许太过向学，基本上其他什么也不做。三十六岁生日之前，他只发表过一首向莎士比亚致敬的诗，字里行间流露出这位伟大的诗坛前辈对他是多大的压力：

从你无价的书页里，神启的诗行中，
每个心灵都受到深深的感动，
你使我们打消了自己的幻想，
你丰富的构思把我们变成大理石。

或者，换言之，莎士比亚的诗歌如此伟大，给弥尔顿留下的印象如此深刻，将他变成了大理石，使他的想象哀悼自己的枯竭。

弥尔顿大学毕业后在剑桥又待了三年。他二十四岁回到家中继续学习，一位朋友用“黑夜的时光流逝”告诫他，在回信中他感觉有必要解释自己的“迟缓”。弥尔顿承认自己的人生“仍然晦暗，对人类无用”，他写道：“你可以看出我有些怀疑自己，并且确实注意到我的迟缓，我鼓起勇气给你寄去我夜间的一些思绪……”后附的那首优美的十四行诗在十二年后得以发表，开头几行捕捉了一种可能萦绕在你们当中某些人心头的情绪。

时间，多么迅速，你这青春的窃贼，
疾驰的翅膀偷走了我的二十三岁。
我早熟的年华匆匆飞逝，
我迟到的春天尚未开花结蕾。

尽管这些诗行有些伤感，弥尔顿却没有把他的“迟缓”看作一种失败。这首十四行诗继续写道：

或许我的外表欺骗了真相，
其实我已接近人的盛年，
内心的成熟却仍显不足，
远不如早早受惠的同辈。

虽然没有蓓蕾和花朵可供炫耀，但弥尔顿确信自己“内心的成熟”。他又花了十年时间构思出一部写人的堕落的戏剧，又过了二十五年才将《失乐园》改编成史诗出版。即使到了那时，弥尔顿仍在第九卷中再次提及他的大器晚成：

从这首英雄主题的颂歌开始，
我就想早早选中，迟迟动笔。

对于你们当中那些还没有确定人生具体方向的人，我举弥尔顿的例子是为了提醒你们：你们同样拥有一种“内在的成熟”，因为这正是耶鲁大学的教育所赋予你们的。你们四年的努力取得了宝贵而重要的收获。你们与美国一些最优秀的老师共聚一堂，深受他们的好奇心和学习热情的启迪。你们学会了批判性思维，独立思考，严格审视各种观念、信仰和经验。你们有了塑造自己的生活、确定自己的方向、以充沛的精力和热情迎接生活挑战的工具。

我相信你们学到的远不止这些。耶鲁还教给你们充实的人生不仅是自我满足，还需要一种为家庭、社区和全社会服务的承诺。

你们对校园和纽黑文社区的课外活动的积极投入使我相信你们很好地学习了这门功课。

你们当中方向感明确的人某些时候可能也会产生疑问：“就这样了吗？我对医学、法律、绘画、教育的投入永远不会改变了吗？”而对你们当中那些尚未做出选择的人，害怕失去自由可能阻止你们采取果断的行动。我将华兹华斯和弥尔顿做比较，并非要暗示人生道路的选择一成不变。为了更透彻地说明问题，我们可以参考某些耶鲁大学的毕业生在职业生涯中期做出的惊人转变。

1961 届的一位律师在证券法领域开创了出色的业务，然后成为一家大制造公司的首席执行官。1950 届的一位零售商创业成功，又将企业卖掉，然后创作和制作了史上最成功的音乐剧之一。1984 届的一位毕业生作为女演员赢得两次奥斯卡金像奖，之后跻身好莱坞一流导演的行列。最后，1963 届的另一位企业家致力于经营一家新型旅游公司，然后出售，接下来的十年从事独立的学术研究，写出一部极具原创性的著作，记载了我们宪法的第一修正案所保障的自由如何在共和国初期受到威胁的情况。

1997 届的男女同学们：不管你们开花的时节是早是晚，现在都要毕业了，都要迈出下一步。不管你们的道路现在是否明确，你们都在我们共处的四年中做好了准备。不管你们拥有外在的自信还是“内在的成熟”，你们都在这里遇到了伟大的思想、启发心智的老师和非同一般的同学。好好利用耶鲁馈赠你们的礼物吧！以持续的学习和忠诚的奉献充实你们的人生吧！让我们一起回顾弥尔顿对亚当和夏娃离开他们第一个家园时的描述：世界在你们面前展开，何处可以安身，上帝会指引你们。

（吴冬月　译，陈力川　校）

史蒂夫·乔布斯
Steve Jobs

1955—2011

美国发明家、企业家，苹果公司联合创办人，生于旧金山，生父是叙利亚移民，生母是日耳曼人，乔布斯出生后，未婚先孕的母亲将他送给加州的一对蓝领工人领养，而生父在乔布斯去世前不久才知道他们的父子关系。乔布斯高中毕业后进入里德大学，为了不花光养父母一生的积蓄，半年后他选择退学，去旁听书法课。1976 年，乔布斯和电脑工程师沃兹尼亚克在自家的车库里成立苹果电脑公司，隔年在美国第一次计算机展览会上展示了他们研制的苹果Ⅱ号样机。1980 年底，苹果公司股票上市获得成功。1985 年，乔布斯因经营理念的分歧被自己的公司解雇，离开苹果重新创业，成立皮克斯（Pixar）动画公司，自任董事长及行政总裁，并于 1995 年推出全球首部全电脑动画电影《玩具总动员》，畅销一时。1991年乔布斯和妻子劳伦娜·鲍威尔按照佛教传统举行婚礼，他们同为素食主义者。1997年，苹果公司在经营困局中重新聘请乔布斯担任首席执行官，翌年就推出创新产品iMac，之后相继推出麦金塔计算机（Macintosh）、iMac、iPod、iPhone、iPad等风靡全球的电子产品，深刻影响了现代通信、娱乐和生活方式，乔布斯也被公认为改变世界的创新领袖。2011年8月，乔布斯向苹果董事会辞职，2011年10月5日，因胰腺癌去世。

这是乔布斯于2005年6月12日在斯坦福大学毕业典礼上的演讲。他以自己生命中的三个故事为线索，叙述了他从一个被收养的婴儿，到自动退学的大学生，从旁听书法课到在自家车库创办苹果公司，从被自己成立的公司解雇到再次创业的辉煌，又从事业高峰跌入疾病深渊的经历，对自己跌宕起伏的一生做了如下总结：“真正得到满足的唯一途径是从事你认为崇高的工作，而从事崇高的工作的唯一途径是热爱你做的事情。”“最重要的是，要有勇气追随你的内心和直觉。”在演讲的结尾，他将印在他们那一代年轻人喜爱的刊物《全球概览》最后一期封底的告别词作为对斯坦福大学毕业生的祝愿：“保持求知欲，保持赤子心。”这次演讲六年后，乔布斯病逝。

乔布斯

保持求知欲，保持赤子心

今天我很荣幸和你们一起参加世界顶尖学府之一的毕业典礼。我大学没有毕业。老实说，这是我接触大学的毕业典礼距离最近的一次。今天我想跟大家分享我生命中的三个故事。就这些，没什么了不起的，就三个故事。

第一个故事关于串联人生的点滴。

我进里德大学六个月后退学，然后作为旁听生又待了十八个月才真正离开。那我为什么要退学呢？

一切要从我的出生说起。我的生母是未婚先孕的年轻在读研究生，她决定把我送人收养。她非常坚持收养我的夫妻必须上过大学，所以一切都安排好，等我一出生就会被一位律师和他的夫人收养。可是等我呱呱坠地，他们却在最后一刻决定他们真正想要的是女孩。于是排在等待名单上的我的养父母半夜接到一个电话询问："我们这里意外多出一个男婴，你们想要他吗？"他们说："当然。"我的生母后来才知道，我的养母没有上过大学，养父连高中都没有毕业。她拒绝在最终的领养文件上签字。几个月后她才让步，因为我的养父母承诺将来会供我上大学。

十七年后我的确上了大学，但我天真地选择了一所学费几乎和斯坦福一样高昂的大学，我的父母都是工薪阶层，他们的所有积蓄都花在我的学费上。六个月后，我看不出这个代价的任何价值。我不知道我的人生想干什么，也不知道大学怎么帮我弄明白这一点。我在那里只能榨干父母平生积攒的所有钱。于是我做出退学的决定，相信船到桥头自然直。当时我的心里也直打颤，可是回过头来看，那却是我做过的最好的决定之一。我退了学就可以不用上我不感兴趣的必修课，旁听看来有意思得多的课程。

那段日子并不总是那么富于浪漫色彩。我没有宿舍，只能在朋友的房间里睡地铺，我退还可乐瓶换取五美分的押金买吃的，每个周日晚上我会步行七英里穿过市区到哈瑞奎师那神庙打牙祭。我喜欢这样。而我出于好奇和直觉误打误撞的很多东西，后来都被证明非常有价值。我给大家举个例子。

里德大学当时提供的书法教育也许在全国首屈一指。校园里的每张海报、每个抽屉上的标签都是精美的手写体。我因为已经退学，不需要上正规的课程，就决定旁听书法课，学习如何才能做到这一点。我了解了衬线字体和无衬线字体、不同字母组合的间距变化以及如何使字体排版美观。它所具有的历史和艺术之精美是科学无法捕捉的，我深深地为之着迷。

所有这些在我的人生中没有任何实际应用的希望。但是十年后，我们在设计第一台麦金塔电脑时，它们全都涌回我的脑海。我们将它们全部融入设计，造就了首台拥有优美字体排版的电脑。假设我从来没有旁听那一门大学课程，麦金塔电脑就永远不会具备多种多样、间距协调的字体。既然视窗系统（Windows）只是仿造麦金塔电脑，个人电脑有可能也不会拥有这些字体。假如我从来没有退学，我就永远不可能旁听这门书法课，个人电脑也许就不会拥有如今丰富多彩的字体。当然，我在大学的时候是不可能看得那么远，把这些点串联起来。只有在十年之后回看，这种联系才变得一目了然。

再说一遍，你不可能预先将这些点滴串联起来，只有回顾来路时才能看清它们的联系。所以你必须坚信这些点滴会以某种形式在你的未来产生关联。你必须拥有某种信念，你的直觉、命运、生命、因缘等等。这种方法从未让我失望，而且让我的人生与众不同。

我的第二个故事有关爱和失去。

我很幸运，年纪轻轻就找到了自己爱做的事情。我二十岁时和沃兹在我父母的车库里开始了苹果的创业。我们拼命工作，花了十年时间将苹果从车库里的我们两个人发展成一家拥有四千多位员工、市值二十亿美元的公司。那时我们刚刚发布了我们最优秀的作品——麦金塔电脑，那是在第九个年头，我也刚满三十岁。紧接着我就被开除了。你怎么会被自己一手创办的公司开除呢？是这样的。随着苹果的壮大，我们聘用了某位我认为很有才干、能和我一起经营公司的人，最初一年左右大家合作愉快。可是很快我们对未来的看法开始出现分歧，最终我们不欢而散。在这个情形下，我们的董事会站到他那一边。于是我在三十岁的年纪被踢出局，沦为人尽皆知的笑柄。我成年后生活的重心消失了，这令我备受打击。

连续几个月我真不知道何去何从。我觉得我让上一代的企业家失望了——我没有接住传到手里的接力棒。我跟大卫·帕卡德和鲍勃·诺伊斯见面，试图为我造成的如此糟糕的局面致歉。我成了公认的失败者，一度有过逃离硅谷的念头。好在我渐渐开始明白了一件事情——我仍然热爱自己做的事情。在苹果公司遭遇的变故并没有改变这一点。我虽然被扫地出门，但我仍然热爱我的职业。于是，我决定重新开始。

我当时没有意识到，被苹果公司开除却成了在我身上发生的最好的事情。成功的负累被再次出发的轻松取代，一切都是未知数。我反而得到解放，进入一生中最富有创造力的时期之一。

接下来的五年时间内，我创办了一家名叫奈克斯特（NeXT）的公司，又开了一家名叫皮克斯（Pixar）的公司，并和一个令人着迷的女人相恋结婚。皮克斯接着制作了世界首部电脑动画片《玩具总动员》，如今成长为全球最成功的动画工作室。情势接着发生了一系列奇异的反转，苹果公司收购了奈克斯特，我回归苹果，而我们在奈克斯特研发的技术则成为苹果如今再次崛起的基石。我和劳伦娜也拥有了一个美满的家庭。

我坚信倘若我没有被苹果公司开除，这一切都不会发生。它是一剂苦药，但我想也是病人需要的良药。有时生活会拿砖头拍你的脑袋。不要丧失信念。我笃信支撑我走下去的唯一力量是我对自己从事的事业的热爱。你必须找到自己的真爱。工作如此，恋爱也不例外。你的工作会占据你生命的很大一部分，真正得到满足的唯一途径是从事你认为崇高的工作，而从事崇高的工作的唯一途径是热爱你做的事情。如果你还没有找到，继续寻找，不要将就。与所有和心灵有关的事情一样，等你找到你就知道了。而且，它和所有非凡的关系一样，都只会随着岁月的流逝而渐入佳境。所以寻找下去直到你找到它，千万不要将就。

我的第三个故事关于死亡。

我十七岁时读到一句引语，大概是这么说的："倘若你把每一天当作你的最后一天来过，某一天这个假设就会真的变成现实。"这句话让我印象深刻，此后过去的三十三年里，我每天早晨都会对着镜子问自己："如果今天是我生命的最后一天，我还会想做今天要做的事情吗？”如果答案连续几天都是“不”，我就知道我该做出改变了。

提醒自己快要走向死亡是我遇到的最重要的工具，帮助我做出人生的重大决定。因为几乎所有顾虑——所有外在的期待、所有自尊和对困窘或失败的畏惧——所有这些在死亡面前都会消失得无影无踪，只留下真正重要的事情。提醒自己不久于人世也是我知道的避开患得患失的思维陷阱的最佳途径。你已经一无所有了，没有道理不追随自己的内心。

大约一年前我被诊断出癌症。早上 7:30 我做了扫描，胰腺上清楚地显示出一颗肿瘤。我甚至都不明白胰腺是什么。医生们跟我说这种癌症几乎可以确定无法治愈，我顶多再活三到六个月。我的医生建议我回家安排事情，这是医生委婉地让我准备后事。这意味着你要在仅仅几个月的时间内尽力跟你的孩子交代所有事情，而你原本以为你拥有接下来的十年去做这种分享。这意味着要处理好一切事务，尽量为家人减少麻烦。这意味着你要跟这个世界告别。

那一整天我的脑子里都是这个诊断结果。那天晚上我做了活体组织检查，他们将内窥镜顺着我的喉咙伸下去，穿过胃到达肠道，用针刺进我的胰腺，从肿瘤中取出一些细胞。我被注射了镇静剂，我的妻子在场陪同，她跟我讲他们把细胞拿到显微镜下观察时都惊呼出声，原来这恰好是一种极为罕见的可以通过手术治愈的胰腺癌。我做了手术，现在状态很好。

这是我距离死亡最近的一次，我希望这也是我今后几十年离它最近的一次。相比死亡只是一个有用和纯理论概念的时候，死里逃生的我现在可以更为笃定地跟你们分享这个领悟：

谁都不想死。即使那些想上天堂的人们也不想通过死亡到达那里。然而死亡是我们所有人的共同归宿，还没有谁能够逃脱这个命运。自然的法则却理应如此，死亡极有可能是生命独一无二的最佳发明。它是生命革新的动力。它清除老朽为新生开道。如今的新生力量是你们，但是在距现在不久的将来，你们会逐渐老去并被清除。抱歉说得这么吓人，但这的确就是真相。

你们的时间是有限的，不要把它浪费在过其他某个人的生活上。不要落入教条的圈套——用其他人思考的结果支配生活。不要让他人的想法的噪音淹没来自你内心的声音。最重要的是，要有勇气追随你的内心和直觉。它们总有妙法知道你真正想要成为什么人。其他一切都是次要的。

在我年轻的时候，有一本名叫《全球概览》的刊物被我这一代人奉为圣经之一。它是一个名叫斯图尔特·布兰德的人在距离这里不远的门罗帕克市创办的，以诗情画意的手法赋予刊物以灵魂。当时还是 20 世纪 60 年代末，个人电脑和台式打印机尚未问世，所以办刊的全部设备只有打字机、剪刀和宝丽莱相机而已。它有点儿像三十五年后诞生的谷歌的平装本：它是理想主义的，充溢着整洁的版面和闪光的思想。

斯图尔特和他的团队发行了几期《全球概览》，等它走到末路，他们出版了最后一期。时间已经推移到 20 世纪 70 年代中期，我正处于你们的年纪。最后一期的封底刊印了一张清晨时分的乡间小路的照片，如果你喜欢探险，很有可能在这样的路上搭过便车。照片下方印着这样一行字："保持求知欲，保持赤子心。"这是他们停刊的告别赠言。保持求知欲，保持赤子心。我一直将它奉为座右铭。现在，你们即将毕业开始新的人生，我将它转赠给你们。

保持求知欲，保持赤子心。

谢谢大家。

（吴冬月　译，陈力川　校）

巴拉克·奥巴马

Barack Obama

1961—

美国政治家，第四十四任美国总统，生于夏威夷檀香山，父亲是出身于穆斯林家庭的肯尼亚经济学家，毕业于哈佛大学，母亲是英国-爱尔兰裔的教师，出身于基督教家庭。奥巴马两岁半时父母离异，六岁随母亲和继父迁居印度尼西亚首都雅加达，四年后回到夏威夷，与外祖父母生活。青少年时代的奥巴马因种族和肤色产生自卑感，迷茫中一度成为叛逆者和瘾君子，他在洛杉矶西方学院就读期间发表的诗作《老爹》反映了这一时期的精神状态。1983年奥巴马从哥伦比亚大学毕业，取得政治学及国际关系学学士学位，1988年进入哈佛大学法学院，1991年获得法律博士学位后成为人权律师，1997—2004年担任芝加哥大学法学院讲师，1997年当选伊利诺伊州参议员，

2004 年当选联邦参议员，2008 年 11 月当选为首位有非裔血统的美国总统，上任时正值房地产次贷金融危机蔓延，奥巴马政府迅速制订经济复兴计划，调整移民和税收政策，实施绿色能源战略，改革医疗和教育体制，对外实施“怀柔政策”，许诺与伊斯兰国家“永不交战”，关闭关塔那摩监狱，宣布从阿富汗和伊拉克撤军，应对气候变迁，与俄罗斯签订《削减战略核武器》新条约，2009 年因“倡导无核化理念和促进国际合作的努力”荣获诺贝尔和平奖。2011 年 5 奥巴马批准海豹突击队击毙“基地恐怖组织”领导人本·拉登的行动。2012 年 11 月，成功连任美国总统。奥巴马的著作有《我父亲的梦想：奥巴马回忆录》、《无畏的希望：重申美国梦》和《我们相信变革——重塑美国未来希望之路》。奥巴马爱好篮球和高尔夫球。

这是2009年9月8日奥巴马担任总统的第一年在弗吉尼亚州阿林顿市韦克菲尔德高中的开学日发表的演讲。奥巴马知道他的听众不仅是这所高中的学子，还有全国从幼儿园到高中的学生，他先用轻松的语气讲述自己小时候在印度尼西亚凌晨4点半起床跟妈妈学习的故事，拉近与孩子们的距离。在强调教师、家长、学校和政府对教育的责任后，奥巴马亮出了演讲的主题：你们每个人为自己的教育担负的责任，你们的教育成果将决定这个国家的未来。学生培养和发展自己的天赋和才智，不仅对每个人的未来具有重要意义，而且将决定国家在未来应对最严峻挑战时的表现。奥巴马讲了几个或家境贫寒，或病魔缠身，或从小成为孤儿的年轻人的励志故事，激励学生们以他们为榜样，对自己的教育负起责任。奥巴马年幼时父母离异，经过青少年时期的迷惘，发奋学习，先后就读于哥伦比亚大学和哈佛大学，毕业后成为民权律师和大学讲师，进而从政，最后成为美国总统，他本人的经历也是对自己的教育负起责任的最好的例证。

奥巴马

我们为什么要上学？

大家好！谢谢，谢谢，谢谢大家。好了，大家请就座。大家今天感觉如何？蒂姆·斯派塞，你好吗？我现在和弗吉尼亚州阿林顿市韦克菲尔德高中的学生们在一起。此刻我们还有来自全国各地从幼儿园到十二年级的学生。我非常高兴大家今天能够加入我们。我想感谢韦克菲尔德高中出色地承办了本次活动。请为你们热烈鼓掌。

我知道对你们当中很多人来说，今天是开学的第一天。对于那些进入幼儿园或者开始初高中生活的新生来说，今天是你们入学的第一天，因此，心情有点儿紧张是可以理解的。我猜你们当中还有一些高年级的学生此刻的心情很好——还有一年就毕业了。不管是哪个年级的学生，你们当中有些人可能希望现在还是暑假，今天早上还能多赖一小会儿床。

我了解这种感觉。我小时候，一家住在海外。我在印度尼西亚住过几年。我的母亲没钱供我上所有美国孩子就读的学校，但她格外看重我能够接受美式教育。于是她决定自己给我补课，从周一到周五。但是因为她要工作，唯一可行的时间是凌晨 4 点半。

你们现在可以想象，我对这么早起床很不开心。有好多次我直接趴在餐桌上睡着了。可是每当我抱怨的时候，我的母亲都会朝我露出那种眼神，说："小鬼，这对我来说也不是野餐那么轻松。"

所以我知道你们当中有些人还处在开学适应期。不过我今天在这里有重要的事情跟你们讨论。我在这里是想跟大家谈谈你们的教育，以及在新的学年你们对自己应有的期许。

我做过很多次关于教育的演讲，也曾许多次谈到责任。

我谈到教师的责任是启发学生和督促学生学习。

我谈到你们父母的责任是确保你们走正道、完成作业，不要成天守在电视或者游戏机前面。

我也多次谈到你们政府的责任是制定高标准，为老师和校长提供支持，改变那些运作不佳、不能为学生提供他们应得的机会的学校。

但是到头来，我们可以拥有全世界最敬业的老师、最支持你们的家长和最好的学校——这一切要想带来不同，这一切重要性的前提是你们所有人都能履行你们的责任，都能到学校上学，都能认真听老师讲课，都能将你们父母、祖父母和其他大人的话放在心上，都能付出成功必需的努力。这就是我今天要讲的主题：你们每个人为自己的教育担负的责任。

我想首先谈谈你们对自己的责任。你们每个人都有自己擅长的地方。你们每个人都能做出某种贡献。而你们有责任去发现那到底是什么。教育就可以提供这样的机会。

也许你可以成为一位杰出的作家——甚至可以写书或者为报纸撰稿——但你在撰写那篇英文论文——那篇在英文课上布置给你的作文之前——可能不知道你有这个能力。也许你可以成为一位革新者或发明家——甚至可以推出下一部苹果手机或者新的药物和疫苗——但你在完成科学课上的实验之前，可能不知道你有这个天赋。你也许可以成为一位市长、参议员或者最高法院的法官——但你在参加学生会或者辩论队之前，可能不知道你有这个才能。

不管你将来想做什么，我保证你都需要接受教育才能实现。你想当医生、老师、警察吗？你想成为护士、建筑师、律师、军人吗？这里的任何一种职业都需要你接受良好的教育。你不可能辍了学就捡到好工作。你必须为此接受培训，为此付出劳动，为此努力学习。

这不仅关乎你们自己的人生和未来。毫不夸张地说，你们的教育成果将决定这个国家的未来。美国的未来寄托在你们身上。你们今天在校学习的内容将决定我们这个国家能否在未来应对最重大的挑战。

你们将需要用在科学课和数学课上学习的知识和解决问题的技能去治疗癌症和艾滋病这样的疾病，去研发新的能源技术和保护我们的环境。你们将需要用在历史和社科课程中获得的知识和批判性思维能力去与贫困、流离失所、犯罪和歧视做斗争，使我们的国家更加公平和自由。你们将需要你们在所有课程中培养的创造力和创新精神去成立新的公司，创造新的工作岗位，推动经济的发展。

我们需要你们每一个人发展自己的天赋、能力和才智，帮助我们这些年长的人解决最为棘手的问题。如果你们不这么做——如果你们放弃学业——你们不仅放弃了自己，也放弃了你们的国家。

当然，我知道读书好并非总是件容易的事情。我知道你们当中的很多人目前正面临人生的各种挑战，很难专心于学业。

我了解，我明白你们的感受。我的父亲在我两岁时离开了家庭，我由一个单亲母亲抚养长大，她必须工作，有时为了支付账单左支右绌，并不总是能够给我们提供其他孩子拥有的东西。有时候我会为生活中没有父亲感到遗憾。有时候我会感到孤单，觉得自己与外界格格不入。

所以我没有总能做到应该的那样专注学业，我做了一些令自己羞愧的事情，惹了许多不该惹的麻烦。我的人生很容易就会急转直下。

不过我很幸运。我得到很多第二次机会，我有机会上大学，进法学院，追求自己的梦想。我的妻子，我们的第一夫人米歇尔·奥巴马，也有相似的经历。她的父母都没有上过大学，经济上也不宽裕。但是他们勤奋工作，她也很勤奋，得以进入全国最好的学校。

你们当中有些人可能没有这些有利条件。也许你在人生中缺少长辈给予你需要的支持。也许你的某位家人失了业，日常用度拮据。也许你生活在一个让你没有安全感的街区，或者你有朋友在逼你做你知道不对的事情。

但归根结底，你的生活境况——你的长相、出身、经济条件和家庭状况——这些都不是你不做作业或者在学校态度不端的借口。它们也不是你可以跟老师顶嘴、逃课或辍学的借口。你没有任何不努力的借口。

你们现在所处的位置并不决定你们未来所处的位置。没有人为你书写你的命运，在美国，你的命运由你自己书写。你的未来由你自己创造。

这是美国各地像你们一样的青少年每天都在做的事情。

比如得克萨斯州罗马市的青年贾斯敏·佩雷兹。贾斯敏刚上学时不会说英语。她的父母都没有上过大学。但她努力学习，成绩优异，获得布朗大学的奖学金——现在是公共卫生专业的在读研究生，即将成为贾斯敏博士。

我还想到了加利福尼亚州洛思阿图斯市的安多尼·舒尔茨，他从三岁起就与脑癌抗争。他不得不忍受各种各样的治疗和手术，其中一次影响了他的记忆力，他得付出比常人多几百个小时的时间才能完成功课，但他从来没有落后。今年秋天，他开始上大学了。

还有我的家乡伊利诺伊州芝加哥市的香特尔·斯蒂夫。尽管她在这个城市最差的街区从一个收养家庭转到另一个，但还是设法在当地的健康护理中心得到一份工作，发起一个帮助年轻人远离帮派的项目，她即将以优异的成绩高中毕业，进入大学深造。贾斯敏、安多尼和香特尔和你们没有什么不同。和你们一样，他们也面临人生的挑战。在某些情况下，他们的处境比你们多数人糟糕得多。但是他们拒绝放弃。他们选择为自己的人生和教育负责，并为自己设定目标。我希望你们所有人都能这样做。

因此，我今天呼吁你们每一个人为自己的教育设定目标——并为它们的实现竭尽全力。你的目标可以很简单，比如完成所有作业、上课听讲或者每天花点儿时间阅读。也许你决定参加一项课外活动或者到你所在的社区从事志愿服务。也许你决定挺身而出，维护那些因为身份或者长相受到嘲笑或欺负的孩子，因为你和我一样认为所有的青少年都应当拥有一个安全的学习环境。也许你决定更好地照顾自己，以更好的状态投入学习。说到这里，顺便提一句，我希望大家能够勤洗手，感觉不舒服就待在家里，不要来学校，避免今年秋冬天染上流感。

但是不管你决定做什么，我都希望你能够全力以赴，我希望你能够真正付诸行动。我知道有些时候你会从电视中得到一种错觉，好像你不必付出任何艰辛的努力就可以成为富人并获得成功——你可以通过成为饶舌歌手、篮球或者真人秀明星换取成功的门票。最后你很可能一无所有。

真实情况是成功并非易事。你不会喜欢你学习的所有学科。你不会跟你遇到的每位老师都合拍。不是每一份家庭作业都跟你此刻的生活息息相关。你也未必会在初次尝试每件事情时就取得成功。

这都没有关系。世上某些最成功的人士都经历过最多的失败。J. K. 罗琳——《哈利·波特》的作者——她的第一部《哈利·波特》被拒绝了十二次才得以出版。迈克尔·乔丹被他所在高中的篮球队刷了下来，他在整个职业生涯中输了几百场比赛，丢了几千次投篮。但有一次他说："我这一生失败了一次，一次，又一次，这就是为什么我成功了。"

这些人取得成功，因为他们明白你不能被失败左右——你得让失败成为你的老师，你得让失败告诉你下次应该怎样做得不同。所以如果你惹了麻烦，这并不意味着你是个捣蛋鬼，只说明你需要更加努力地恰当行事。如果你的分数很低，这并不意味着你是个笨蛋，只说明你需要付出更多的时间学习。

没有人天生精通一切。凡事都要经过艰苦的努力才能成就。你不可能初次接触一项新的运动就成为主力队员。你不可能初次唱一首歌就唱准每个音。你必须勤加练习。你的学业也是如此。你也许要把一道数学题解上好几次才能解对。你也许要把一段文字读上好几遍才能理解它的意思。你肯定要把一篇论文草稿改上几遍才能像样地提交。

不要害怕提问题。当你需要帮助的时候不要害怕求助。我每天都要向别人求助。求助不是示弱，而是力量的体现，表示你有勇气承认自己有所不知，而这会让你学到新的东西。所以去找一位你信任的长辈——父母、祖父母、老师、教练或者辅导员——让他们帮助你坚持走在实现目标的轨道上。

即使你正在苦苦挣扎，即使你感到心灰意冷，觉得其他人都放弃了你，你也不要放弃自己，因为你一旦放弃了自己，就放弃了你的国家。

美国的故事不属于那些遇到困难就放弃的人，而属于那些坚持不懈、加倍努力、为自己深爱的国家而拼尽全力的人。

这是一群二百五十年前坐在你们现在的位置上的学生的故事，他们发动了一场革命，建立了这个国家。一群年轻人。七十五年前，另一群坐在你们现在的位置上的学生，克服了大萧条，赢得了二战；他们致力于民权运动，第一个将人类送上月球。二十年前，一群坐在你们现在的位置上的学生创立了谷歌、推特和脸书，改变了我们彼此交流的方式。

今天，我想问大家，你们会做出什么贡献？你们会解决什么问题？你们会有什么发现？二十年、五十年或者一百年后来到这里的总统会怎样讲述你们为这个国家所做的一切呢？

现在，你们的家长、老师和我都竭尽所能确保你们得到应受的教育来回答这些问题。例如我在努力修缮你们的教室，给你们提供学习需要的书籍、设备和电脑。但你们也要尽自己的本分。所以我希望这个学年大家能够严肃向学。我希望大家能够全力以赴地去做每一件事情，我希望你们每个人都能有所建树。不要让我们失望，不要让你们的家人和国家失望。最重要的是，不要让自己失望。让我们所有人为你们骄傲。

非常感谢大家。上帝保佑你们。愿上帝保佑美国。谢谢。

（吴冬月　译，陈力川　校）

彼得·沙洛维

Peter Salovey

1958—

美国社会心理学家，情感智能领域的开拓者，耶鲁大学第二十三任校长，斯坦福大学心理学学士（1980），耶鲁大学科学硕士（1983），哲学硕士（1984），哲学博士（1986），于2013年7月接替理查德·查尔斯·莱文成为耶鲁大学校长前，曾担任耶鲁大学心理学系主任，艺术和科学研究生院院长，耶鲁学院院长和耶鲁大学教务长。他是南非比勒陀利亚大学、上海交通大学、清华大学、哈佛大学的荣誉博士，2013年当选为美国艺术与科学院和国家医学院院士。

沙洛维自1986年开始在耶鲁大学任教以来，一向致力于人类情绪和健康行为的相关研究，他主持建立的健康、情绪、行为实验室（后改称为情感智能中心）使他成为这一领域的开拓者。2014年5月18日，他首次以耶鲁大学校长的身份在学生毕业典礼上致辞。沙洛维指出，尽管许多先哲“都承认表达感谢的能力不仅为社交礼仪所需，也是人类的一种核心能力”，但在心理学领域，缺乏对感恩的严肃思考，几乎没有人关注这个问题，亚里士多德也没有把它列入人类美德的名单。然而许多例子都说明“感恩可以是社会和谐的钥匙，可以增强对一个群体的归属感和成为好公民的责任感”，可以触发某种乐观的情绪，培养同情心和助人为乐的精神，使社会变得更加友好和安全。

沙洛维

论感恩（节选）

同事们，朋友们，家人们，毕业生们：

很高兴今天与大家见面，并在这个欢庆的周末跟大家说几句话。

多年来我以各种身份出席过毕业典礼——教员、院长、教务长，而今天是第一次作为校长参加。今天我想延续我一直遵循的一个耶鲁的传统，这一年，我们在引入新仪式的同时也要向旧的仪式致敬：

我可以请今天在场的所有亲朋好友起立向即将毕业的 2014 届优秀学生们致以谢意吗？

接下来，我可以请 2014 届的全体同学注视所有那些支持你们抵达这块里程碑的人，并起立向他们致以谢意吗？

谢谢大家！我喜欢这个传统，不仅因为它本身是一个可爱的仪式，还因为我今天的致辞围绕感恩展开。我选择感恩这个话题，一方面是因为我由衷地感谢米勒院长自 2008 年 12 月以来兢兢业业地领导耶鲁本科学院，另一方面是因为感恩被认为是打开幸福之门的钥匙之一。

我成年后的大部分时间致力于研究人类的情感。它是我学术生涯的基础，也是我的职业生活的兴趣之一。虽然有关情感的学术文献数量庞大而且不断增长，但是可能会令你们意外的是有关感恩的心理学文献少得可怜。在实验室进行的探究感恩的实验也是凤毛麟角。有关孩子如何学习说“谢谢”的实地研究被贴上古怪过时的标签。

在我们每个人的内心深处，我们都知道感恩是什么意思，尤其是在今天这样一个周末。但是十年前，感恩几乎从未出现在心理学家编撰的人类情感手册和百科全书中。对感恩的严肃思考的忽视并不仅限于心理学：比如，亚里士多德就没有把它列入他那著名的人类美德的名单。

不过，虽然心理学和亚里士多德忽略了感恩，但有很多哲学家——从西塞罗、塞涅卡、阿奎纳到斯宾诺莎、霍布斯、休谟、康德——都承认表达感恩的能力不仅为社交礼仪所需，也是人类的一种核心能力。这些哲人担心被不知感恩的人群——忘恩负义之辈——充斥的社会或许会失去公平和正义，走向报复和毁灭。

在我从事的心理学领域，感恩几乎没有得到关注——你和我可能都没有给予足够的重视——这可能因为表达感恩的需求提醒我们并非完全能够掌控一切；我们可能接受他人的恩惠或者依赖他人；我们的命运并不完全掌握在自己手中；我们也有脆弱的时候。已故的罗伯特·所罗门是我最喜欢的研究情感的当代哲学家之一，他经常爱说，感恩是一种令人不适的情感，因为它迫使我们“承认我们当中没有人能够完全做到自给自足，不需要他人的帮助。”感恩促使我们反思自身能力的局限性。

即使一个人的内心充满感恩之情，把它表达出来有时也会令人感到些许不自在。哪怕对一个更高权威的感恩倘若表达得过火，也会使我们难为情，比如当我最喜欢的一位乡村音乐歌手感谢上帝赐予他一个格莱美奖的时候，抑或在老爹击出一个越过芬威公园右外野护栏的本垒打后夸张地以手指天的时候（我为提到这个画面向所有在座的洋基队球迷致歉）。

然而，如果不能抛弃完全自给自足的神话，真正幸福的生活和真正健康的社会就是不可能的。幸福的生活也会遥不可及，除非我们能够培养一种开放精神，接受他人的帮助并向那些帮助我们的人致谢。

在准备这篇讲稿的过程中，我惊喜地发现，最早指出感恩的重要性的社会学家当中居然有亚当·斯密，一位以个人利益是重要驱动力的论断而闻名的经济学家！斯密清楚而中肯地提出将社会结合在一起的是激情和情感。斯密认为类似感恩的情感会让社会变得更美好——更仁爱，更安全。一个社会心理学家也不会说得比这更好了！

毫无疑问，当我们心存感恩时，就很难同时感受嫉妒、愤怒、仇恨之类的负面情绪。的确，那些说自己频繁表达感恩的人——那些在问卷调查中做出“我有时会对不起眼的小事表示感恩”和“我要感谢很多人”这样肯定答复的人——往往也会在被称为主观幸福感（对自己生活的满意度）的心理学指标上获得高分。

为什么会是这样呢？人有一种与表达感恩不相容的倾向，这就是社会比较，尤其是与那些比我们拥有更多的人相比较的危险倾向。那些心怀感恩的人似乎很少嫉妒他人，因此避开了一种侵蚀心灵的情绪。不仅如此，知恩图报的人似乎能更好地应对生活的压力和重负，他们具备更强的韧性，因为他们即使身处困境也能发现美好的东西，赢得他人更多的喜爱。更重要的是：人们更愿意帮助那些过去曾向他们表达过感激的人。借用21世纪伟大的哲学家贾斯汀·汀布莱克的话说：“种什么因，得什么果。”

心理学家芭芭拉·弗雷德里克森认为感恩的情感开阔人的心智——这种情感会让你考虑更广泛、更具创造性的可能性、选项和替代方案。心智的开阔会使人产生一种足智多谋的自我效应。弗雷德里克森认为这些感觉有利于产生一种同情心和助人为乐的欲望，促使思考更多可能的助人方式，这些远远超过简单的互利互惠。

这种行为的源头可以在黑猩猩这样的灵长目动物身上观察到——比如一只黑猩猩跟另外一只黑猩猩分享食物，得到馈赠的黑猩猩就会给分享食物的黑猩猩一个热情的拥抱。再如，一只黑猩猩给同伴梳理毛发，一两天后，被梳理毛发的黑猩猩就会跟给它梳理毛发的黑猩猩分享食物。

你们可能以为我说的这些都是从《狮子王》电影里看来的，但是这些例子无不说明感恩可以是社会和谐的钥匙。的确，感恩可以增强对一个群体的归属感和成为好公民的责任感，以及对善意的忠诚。这种社会凝聚力可能就是感恩以各种形式贯穿于所有文化的原因。公开表达感恩的社群通过互相感激每个人做出的贡献而变得更加团结。表达感恩的公开仪式和其他方式鼓励某种乐观精神和共同的目标感。

好了，让我们回头说说即将从耶鲁本科学院毕业的你们：今天你们很可能心存感恩。问题是你们欠下他人太多的恩惠，恐怕永远无法还清你们人生中得到的巨大馈赠。而在这样一个你们收获满满、获得这么多温暖和祝福的日子，铭记一点总是有益的：你们收获的任何伟大的馈赠——你们努力争取但同时也是被赠予的教育机会——（任何真正伟大的馈赠）都不可能被“偿还”。你们的报答只能面向未来，以你们得到这份馈赠的方式将它传给下一代人。

…………

毕业生们，我今天要说的并不是“你们应该感谢你们的母亲”——虽然这不是一个坏主意——而是你们应该至少拿出片刻工夫——不管这个周末多么喧闹——想想所有那些帮助你们抵达人生这一刻、你们永远无法报答的人们。他们也许是家人和朋友、亲爱的老师和导师，甚至可能是你们从未谋面的作家。此时此刻，轻轻地道声“谢谢”。正如20世纪早期耶鲁著名的英文教授威廉·里昂·费尔普斯写的那样：“……感恩带来幸福……一个人给予得越多，留下的就越多。”

（吴冬月　译，陈力川　校）

编辑说明

本选集涉及国内外作者三十二位，除公共版权领域的作品外，我们设法联络世界各地的作者、译者及版权持有人。所幸绝大多数作品已获授权许可，唯少量著、译者始终联系不上。在此，特别致谢惠赐版权的作者和译者，也请未能取得联系的版权持有人谅解我们的局限，见书后与我们联络，邮箱：info@mtype.cn.